Vegane, rohköstliche Pizza.

1. Auflage, 2014
ISBN 978-3-942510-16-5

Tel.:   0177-3108870
Fax: 03212-3452345
E-Mail: info@roh-ark-verlag.de

Autor: Maren Becker & Cosmo Vega
Herausgeber: Roh-Ark-Verlag, Ingo Hedrich
Cover und Bilder: Maren Becker & Alexander Heitz
Bearbeitung: Roh-Ark-Verlag, Ingo Hedrich

Dieses Buch ist ganz einfach bestellbar im Handel und auf der
Internetseite des Verlages:
www.Rohkost-Verlag.de.

Der Versand in Deutschland ist portofrei,
für das Ausland kommen Portokosten dazu.
Informieren Sie sich darüber bitte auf der Webseite des Verlages.

Inhaltsverzeichnis

1. Vorwort

Was ist *vegan* überhaupt? Bevor wir hier ins Detail gehen, für die unter euch die nicht die leiseste Ahnung haben um was es sich hier handelt: Vegan bedeutet eine Ernährung ohne jegliche tierische Produkte, also 100% pflanzlich. Allerdings kann man noch viele verschiedene Varianten, wie zum Beispiel Rohkostveganer, Frutaner, Wildkräuterrohköstler und viele mehr, unterscheiden.

Warum Du die vegane Lebensweise probieren möchtest kann vielerlei Gründe haben und liegt ganz in deinem persönlichen Interesse. Sei es aus ethischen, religiösen, Klima- und umwelttechnischen, ernährungstechnischen, menschenrechtlichen, moralischen oder tierschutzrechtlichen Gründen oder eben aus reiner Neugierde... Das bleibt ganz alleine dir überlassen!

Da die vegane Lebenseinstellung immer noch eher eine Randerscheinung in der heutigen Gesellschaft ist herrschen immer noch Vorurteile: zu teuer, zu umständlich, nicht gesund... Mit diesem Kochbuch wollen wir euch Studenten vom Gegenteil überzeugen! Das heißt nicht, dass es ausschließlich nur Studenten benutzen dürfen, sondern Jedermann der Interesse an veganen, einfachen, leckeren, gesunden und günstigen Rezepten hat.

Das Studentenleben heute ist stressig, WG Suche, Hausarbeiten, Klausuren, Partys, Leute kennenlernen, Sport und Co. Da fällt das Kochen schon mal eher unter den Tisch. Spätestens nach 2 Semestern Mensa und Fast Food hat man genug davon. Ob in der WG, mit Freunden oder einfach alleine, hier findet ihr immer das passende Gericht zum passenden Anlass ohne großen Aufwand und ganz sicher geldbeutelschonend.

Küchenbasics

Studentenküchen sind ja bekanntlich eher spartanisch eingerichtet, aber mehr braucht man auch nicht um vegane Gerichte zuzubereiten. Es gibt ein paar Must Haves in einer Studentenküche abgesehen natürlich von Kühlschrank, Herd und Spüle, wie unter Anderem ein paar Messer, Brettchen, Töpfe und Pfannen, Waage, Messbecher, Schäler, Mixer, Kuchenform, Backblech, Kastenform und ein Schneebesen. Falls Dinge fehlen lohnt es sich immer auf Flohmärkten und Internetforen der Universität nachzusehen, ob nicht wieder einmal jemand umzieht und seine Sachen loswerden will.

Neben den Basics gibt es dann noch die von uns bezeichneten „Ad Ons" wie zum Beispiel Pürierstab (super für Shakes und Suppen), Kartoffelstampfer, Muffinform oder ein Standmixer (z.B. Mr. Magic Ministandmixer, praktisch und günstig unter anderem bei Amazon zu erwerben). Auch äußerst praktisch sind Cups und Tablespoons, die im anglophonen Raum verwendet werden, somit benötigt man nicht zwingender Weise eine Wage oder einen Messbecher.

Nun kann es losgehen mit dem Schnippeln, Raspeln, Kochen, Braten, Backen, Rühren, Pürieren oder Stampfen.

Qualität und Frische

Beim Einkaufen solltest du vor allem bei Obst und Gemüse auf die Frische- und den Reifegrad der Produkte schauen, weil Obst und Gemüse meist frühreif geerntet werden und zudem auch durch die Überzüchtung mit zu viel Zucker angereichert sind und somit den Körper übersäuern können. Schaut der Salat schon nicht mehr gut aus und die Blätter lassen schon den Kopf hängen, dann lieber nicht kaufen. Außerdem ist eben speziell bei veganer Ernährung zu beachten, dass keine tierischen Bestandteile in jeglicher Art in den Produkten enthalten sein dürfen. Deswegen auch zum Beispiel Finger weg von Gelatine (Ersatzprodukt ist unter anderem Agar Agar). Da man schon sehr gewöhnt ist viele tierische Produkte zu benutzen haben wir ein Extrakapitel erstellt, indem wir euch zeigen wie ihr die tierischen Produkte durch vegane Produkte ersetzen könnt. So kann sich theoretisch und praktisch jedes Rezept „veganisieren" lassen!

Vorratshaltung

Nicht alles was frisch ist muss zwingend in den Kühlschrank. Bananen werden braun im Kühlschrank. Kartoffeln mögen es dunkel und trocken. Sonst gilt es offene Sachen entweder in Plastikdosen zu verstauen oder in Frischhaltefolie zu packen. Zwiebeln, Kürbis und Knoblauch halten sich auch bei Zimmertemperatur etwas länger. Kräuter und auch Zwiebeln lassen sich schon fertig geschnippelt in einer kleinen Tupperdose einfrieren. So hast du immer frische Kräuter parat und musst nichts wegwerfen, wenn du dich mal bei der Menge verschätzt hast.

Saisonkalender

Das folgende Obst und Gemüse ist saisonal bei uns in Deutschland erhältlich. Es ist sinnvoll saisonal und regional einzukaufen, da die Produkte dann frisch aus der Region kommen, das heißt auch nicht zu früh geerntet werden, ist besser für die Gesundheit, es fördert den lokalen Bauern, schont das Klima, und meist auch den eigenen Geldbeutel. Ihr könnt auch bei einem Biobauern in eurer Nähe anfragen, ob ihr als Student die Produkte ein wenig günstiger erwerben könnt oder gegen Mithilfe Rabatt auf euren Einkauf erhaltet. Außerdem spricht auch nichts dagegen sich sein eigenes kleines Gartenbeet anzulegen. Sei es ein kleines Kräutergärtchen auf der Fensterbank oder etwas größer in einem Garten, das darf jeder selber entscheiden und hängt auch von euren wohnlichen Gegebenheiten ab. Auch „Bio" Produkte gibt es heutzutage schon zu studentenfreundlichen Preisen im Supermarkt. Wenn man sich saisonal ernährt darf man natürlich auch nicht auf Dinge, wie Erdbeeren aus den südlicheren Ländern im Winter oder ähnliches zugreifen. Allerdings freut man sich dann umso mehr auf die Zeit in der das Lebensmittel wieder erhältlich ist.

Jahreszeiten	Gemüse / Salate	Obst	Rezepte
Frühling (März bis Mai)	Radieschen, Rhabarber, Pastinake, Kohlrabi, Lollo Rosso, Mangold, Brokkoli, Blumenkohl, Porree, Feldsalat, Spargel		
Sommer (Juni bis August)	Bohnen, Mangold, Paprika,	Erdbeeren, Äpfel, Birnen, Brombeeren,	

	Erbsen, Fenchel, Gurke, Sellerie, Brokkoli, Kohlrabi, Mais, Blumenkohl, Chinakohl, Wirsing, Weißkohl, Spitzkohl, Zucchini, Möhren, Porree, Rote Bete, Zwiebeln, Eisbergsalat, Endiviensalat, Feldsalat, Radiccio, Romansalate, Rucola	Heidelbeeren, Himbeeren, Kirschen, Pfirsiche, Johannisbeeren, Stachelbeere, Mirabellen, Aprikosen, Pflaumen, Stachelbeeren	
Herbst (September bis November)	Bohnen, Kürbis, Kohlarten, Rettich, Gurken, Zucchini, Kraut, Pilze, Auberginen, Brokkoli, Möhren, Pastinake, Porree, Radieschen,	Äpfel, Birnen, Erdbeeren Brombeeren, Mirabellen, Trauben, Quitten, Stachelbeeren	

	Rosenkohl, Rote Bete, Rotkohl, Schwarzwurzel , Sellerie, Spinat, Zwiebeln, Salate ebenso wie im Sommer		
Winter (Dezember bis Februar)	Chinakohl, Pastinake, Feldsalat, Rosenkohl, Feldsalat, Spinat, Schwarzwurzel , Kohlrabi, Grünkohl, Porree	Äpfel, Birnen, Quitten	

Manche Obst- und Gemüsesorten sind das ganze Jahr über erhältlich, da man diese lagern kann (dazu gehören unter anderem Äpfel, Birnen und Kartoffeln). Des Weiteren ist es sinnvoll beim Einkauf einfach mal auf die Verpackung zu schauen wo das jeweilige Lebensmittel herkommt.

Vegan und trotzdem ganz gesund!

Viele fragen sich, ob man denn nicht Mangelerscheinungen hat, wenn man sich vegan ernährt oder ob man auf bestimmte Sachen achten muss. Hier erfahrt ihr die wichtigsten Dinge auf was ihr achten müsst. Außerdem erklären wir euch wie ihr tierische Lebensmittel durch pflanzliche Lebensmittel ersetzen könnt.

Nahrungsergänzungsmittel

Das einzige Nahrungsergänzungsmittel was sehr empfehlenswert ist einzunehmen heißt Vitamin B12. Dieses Vitamin ist sehr wichtig für den Zellaufbau und die Blutbildung, ebenso für das Herzkreislaufsystem. Es gibt verschiedene Lebensmittel, wie Margarine, Cerealien, Säfte oder Sojamilch, die damit angereichert sind. Dennoch sind die Tabletten empfehlenswert. Sonst sollte man sich einfach wie üblich ausgewogen ernähren. Außerdem kann jeder (egal ob Veganer, Vegetarier oder Fleischesser) nach Belieben, auch weitere Produkte, wie unter anderem Gerstengras, Weizengras, Spirulina oder andere zu sich nehmen. Diese Produkte enthalten extrem viel Calcium, Eisen, Vitamin C und Zink etc.. Wer weitere Informationen dazu möchte kann entweder das Internet befragen oder eine Mail an cosmovega@yahoo.de schicken.

Ein paar nützliche Links sind hier aufgelistet:

http://www.vegane-beratung.com/

http://www.provegan.info/de/vegan

Vegan in Topform - Der vegane Ernährungsratgeber für Höchstleistungen in Sport und Alltag - Die Thrive-Diät des berühmten kanadischen Triathleten: mit Vorwort von Hugh Jackman & Dr. Katharina Wirnitzer Autor: Brendan Brazier

Ab heute vegan: So klappt dein Umstieg. Ein Wegweiser durch den veganen Alltag Autor: Patrick Bolk

15

Vegan & vollwertig: Meine Lieblingsmenüs für Frühling, Sommer, Herbst und Winter Autorin: Barbara Rütting

Ersatzprodukte für tierische Produkte

Wer sich wirklich fragt, wie man denn einen Kuchen ohne Eier backen kann, oder eine Pizza ohne Käse machen kann der ist in diesem Abschnitt genau richtig. Hier erklären wir kurz wie du tierische Produkte durch pflanzliche Produkte ersetzten kannst. So lässt sich jedes Rezept *„veganisieren"*.

EIER: Ob für Rührteige, Kekse, Rührei oder anderes. Man denkt, dass Eier eigentlich unabdingbar sind. Aber Eier lassen sich gut durch Tofu (püriert), Sojamehl, Avocado, Banane, Leinsamen, Kichererbsenmehl oder anderen Bindemitteln (Agar Agar, Kartoffelstärke oder Guarkermehl) ersetzten. Manchmal kann man die Eier (wenn es unter 3 Stück in einem Backrezept sind) auch einfach weglassen. Aber hier gilt es für euch einfach ausprobieren, denn das ist rezeptabhängig.

MILCH- und MILCHPRODUKTE: Milch lässt sich ganz einfach durch Soja-, Reis-, Hafer- oder Mandelmilch ersetzten. Sojamilch gibt es mittlerweile fast überall zu kaufen und auch zu günstigen Preisen. Geschmacklich kann es sein, dass ihr euch erst daran gewöhnen müsst, aber der Mensch ist ja bekanntlich ein Gewöhnungstier. Für süße Rezepte könnt ihr auch auf Vanillesojamilch zurückzugreifen. Zudem lässt sich Sojamilch genauso zu Milchschaum aufschlagen wie normale Milch. Auch Sahne ist in Sojavariante vorhanden und Saure Sahne, Quark oder Crème fraîche kannst du durch pürierten Tofu,

16

Seidentofu oder dickliche Sojasauce ersetzen. Ebenso müsst ihr nicht auf Joghurt verzichten, denn es gibt ja Sojajoghurt!

KÄSE: Für die Faulen unter euch gibt es natürlich veganen Käse in verschiedensten Varianten in vegan Onlineshops zu kaufen (zum Bsp. bei www.vegan-wonderland.de). Pizzabelag machen wir hier mit Hefeschmelz (das Rezept findet ihr beim Pizzarezept), Cashewkäse oder würzigem Sojakäse. Schafskäse kann man gut durch Tofu ersetzten und auch Frischkäse kann man mit püriertem Tofu/ Seidentofu ersetzen. Im Internet findet ihr verschiedene Rezepte zum Käse selber machen (zum Beispiel unter www.vegane-beratung.com) .

BUTTER: Butter kannst Du durch vegane Margarine ersetzen, wie zum Beispiel von Rapunzel (250g 2,80€). Beim Einkaufen solltest Du drauf achten, dass auch wirklich keine Tierbestandteile (wie Molke, Joghurt oder andere tierische Produkte) enthalten sind. Sonst könnt ihr auch Mandelbutter oder Erdnussbutter ausprobieren.

Auch auf **Mayonnaise** muss niemand verzichten, denn die kann man gut selber machen (das Rezept findest Du in diesem Buch) oder im Drogerie Markt, Reformhaus oder Bioläden kaufen.

WURST / FLEISCH / BROTAUFSTRICHE: Vegane Brotaufstriche und ähnliches kannst du heutzutage sogar schon in jedem Supermarkt kaufen. Lecker schmecken auch die Pasteten von Tartex (zum Beispiel Delikatess, Kräuter aber auch Leberwurst und Teewurst). Fleischersatz kannst du durch alle möglich verschieden zubereiteten Tofu- oder Sojaprodukte zaubern. Auch diese sind mittlerweile in allen Supermärkten erhältlich. Vegane Brotaufstriche findest Du in diesem Kochbuch einige. Aber der Kreativität ist hier keine Grenze gesetzt und jeder kann kreieren was ihm schmeckt.

ZUCKER / HONIG / SCHOKI / SÜßES:

Raffinierter Zucker ist zwar vegan aber wir wollen euch darauf hinweisen, dass dieser nicht unbedingt eine der gesündesten Varianten des Süßungsmittels darstellt. Das gilt aber nicht nur für raffinierten Zucker, sondern auch für raffiniertes Salz (besser ist zum Beispiel Himalayasalz), weil raffinierte Produkte den Körper übersäuern und ihn aus seiner Balance bringen. Ausweichen kannst Du bei Zucker unter anderem auf Ahornsirup, Agavendicksaft, Birnendicksaft, Zuckerrübensirup oder Reismalz.

GELATINE:

Auch auf Gelatine, die man unter anderem zur Herstellung der eigenen Marmelade braucht muss keiner verzichten, denn hierfür verwendet man einfach Agar Agar (Algengelatine), Fruchtpektin, Johannisbrotkernmehl, Maisstärke, Kartoffelmehl oder Guarkernmehl.

Weitere nützliche Hinweise:

Allgemein ist es viel gesünder Vollkornprodukte zu essen und Weizenmehl durch Dinkel- und/oder Vollkornmehl zu ersetzten.

Soweit nicht anders angegeben, sind die Rezepte für 2 hungrige Personen gedacht.

REWE ist ein sehr gut sortierter Supermarkt, in dem man so gut wie alles erwerben kann. Hier mal ein paar Beispiele inklusive Preise, sodass Du dir eine Vorstellung machen kannst:

Hafermilch Smelk von Kölln (1l für 1,99€ bei REWE)
Mandelmilch (1l für 2,69€ bei REWE)
Soja- bzw. Soja-Hafermilchkombis (1,49€ von REWE)

Wenn Du Kichererbsenmehl und Dinkelmehl mischst ist es gesünder und die Masse hält besser zusammen. Ebenso ist es besser zum Beispiel bei Crêpes Sojamilch und keine Reismilch zu nehmen, denn auch diese hält die Masse besser zusammen.

Nun wünschen wir Dir viel Spaß und Erfolg beim Kochen, Backen, Ausprobieren und Genießen!

2. Herzhafte und süße Frühstücksversuchungen

Birchermüsli aus der Schweiz

Zutaten

- 250g Äpfel, gerieben
- Sojamilch, ein Schuss
- 2 Becher Sojajoghurt
- 2 EL Rosinen
- 1 Schuss Apfelsaft
- 2 TL Ahornsirup
- Haselnüsse (gehackt oder gerieben nach belieben)
- 2 Hände voll Haferflocken
- Haferkleie

Tipp: das Müsli kann mit ein wenig Amaranth verfeinert werden

Zubereitung

- ➢ Gib alle Zutaten bis auf die Äpfel in eine Schüssel.
- ➢ Achte darauf, dass genug Flüssigkeit vorhanden ist, falls nicht ergänze es mit Wasser oder Sojamilch.
- ➢ Das Müsli am Besten mindestens eine Nacht im Kühlschrank lagern, sodass es gut durchzieht.
- ➢ Vor dem Servieren die Äpfel schälen und klein schneiden und unter das Müsli mischen. Fertig!

English Porridge with fruit

Zutaten

- ▪ 150g Haferflocken (zart)
- ▪ 300 ml Wasser und Sojamilch Mischung

Tipp: Schmeckt auch lecker mit saisonalen frischen Früchten.

Zubereitung

- ➢ Gib die Haferflocken mit Wasser-Milchmischung in einen kleinen Topf
- ➢ Bringe das Gemisch unter ständigem Rühren zum Kochen.

- ➤ Stelle den Herd auf kleinste Stufe und lass es weitere 4 Minuten unter Rühren kochen bis der Porridge dickt wird.
- ➤ Eventuell mit Zimt und Zucker oder Ahornsirup. abschmecken
- ➤ Entweder frische Früchte je nach Saison (siehe Saisonkalender) reinschnippeln oder mit Apfelmus verspeisen.

Faked Frühstücksrührei

Zutaten

- 250 g fester Tofu (Basilikum oder Oliven Tofu)
- 1 kleine Zwiebel
- 1 Tomate
- 3 Pilze
- Pfeffer, Salz, Curry, Chili
- ½ Paprika
- Schnittlauch oder Petersilie
- Öl zum anbraten

Zubereitung

- ➤ Erhitze die Pfanne mit Öl und schneide den abgetropften Tofu in kleine Stücke.
- ➤ Zerreibe die Tofustücke in den Händen, so dass kleine Brocken entstehen und brate den Tofu bei mittlerer Hitze einige Minuten an.
- ➤ Würze den Tofu mit Salz, Pfeffer und anderen Gewürzen nach Belieben.

- ➤ Während der Tofu brät, schneide, Zwiebeln, Tomaten, Paprika und Pilze klein.
- ➤ Sie werden dann zusammen mit dem Tofu noch mal etwa fünf Minuten gebraten, bis alles gar ist. In dieser Zeit das Tofu-Rührei mit den restlichen Gewürzen abschmecken.
- ➤ Dazu schmecken frisches Brot oder Brötchen.

Tipp: Als Speckersatz gibt es Tofu als Räuchertofu zu kaufen

Powermüsli

Zutaten

- 100g kernige Haferflocken
- 1 Hand voll Cornflakes oder Haferflakes
- 1 Hand voll Rosinen
- getrocknete Früchte nach Wahl
- Nüsse nach Wahl
- 200ml Sojamilch (oder Mandelmilch)
- frische oder tiefkühl Früchte
- Ahornsirup

Zubereitung

- ➢ Wer möchte kann die Haferflocken in einer Pfanne anrösten
- ➢ Mische die restlichen trockenen Zutaten in einer Müslischüssel
- ➢ Gib die (angerösteten) Haferflocken dazu
- ➢ Dann die vegane Milch dazugeben, etwas ziehen lassen und zuletzt mit dem Ahornsirup nach Bedarf süßen

Bunter Fruchtsalat

Zutaten

- 100g Erdbeeren, geviertelt
- ½ Mango, reif gewürfelt
- 150g Weintrauben
- 2 Kiwis, gewürfelt

- 1 Banane, in Scheiben
- 1 klein geschnittene Orange
- ½ Ananas, gewürfelt
- 1 Hand voll Mandelblättchen
- 1 Pr. Zimt
- 1 Schuss Zitronensaft
- 1 Schuss Mandelmilch

Tipp: Das Obst im Rezept kannst du je nach Saison anpassen

Zubereitung

- ➤ Wasche das Obst und schneide es wie oben angegeben zurecht
- ➤ Mische alles in einer Schüssel
- ➤ Träufle Zitronensaft darüber, um zu vermeiden, dass die Banane braun wird
- ➤ Dann die Mandelblättchen hinzufügen und ein wenig Mandelmilch dazugeben

Algensuppe

Zutaten

- ½ Hand voll Algen, Wakame oder Arame
- 1/8 l Wasser, zum einweichen
- ½ l Wasser
- ¼ Zwiebel
- ½ Zehe Knoblauch
- 1 EL Olivenöl
- 100 ml Sojasahne
- Pfeffer

- 1 EL Mehl

Zubereitung

- ➢ Lass die Algen in heißem Wasser ca. 10min. ziehen
- ➢ Dünste in der Zwischenzeit Zwiebeln und Knoblauch, kleingeschnitten, mit Öl in Pfanne an
- ➢ Mit Mehl anstäuben und bereite eine helle Mehlschwitze zu
- ➢ Dann mit der Hälfte des Wassers aufgießen
- ➢ Schneide die Algen (bei Wakame von den Rippen trenne) in feine Scheiben
- ➢ Gib sie in die Suppe hinzu
- ➢ Mit Wasser und Sahne bis zur erwünschten Konsistenz auffüllen
- ➢ Ca. 10min. köcheln lassen und nach Bedarf nachwürzen

Frühstückspancakes

Zutaten

- 120g Mehl
- 1 EL Zucker, gestrichen
- 2 EL Backpulver
- 1 Msp. Salz
- 180 ml Sojamilch
- 2 EL Pflanzenöl
- 2 EL Kichererbsenmehl

Tipp: man kann auch noch gemahlene Nüsse in den Teig geben

Zubereitung

- ➤ Misch das Mehl, den Zucker, das Backpulver und das Salz in einer großen Schüssel

- ➤ Füg die Sojamilch und das Öl hinzu und mixe alles gut
- ➤ Erhitze eine Pfanne mit Öl und füge immer eine kleine Schöpfkelle Teig hinzu
- ➤ Wenn auf der Oberfläche kleine Blasen erscheinen (nach ca. 3min.) drehe den Pancake um und backe ihn noch mal für ca. 2min.
- ➤ Mit Ahornsirup und/oder Früchten servieren

Bagel

Zutaten

- 2 Bagel
- 2 Blätter Salat
- 1 Tomate
- Olivenpaste (das Rezept findest du auch in diesem Buch) oder pflanzliche Margarine

- 1 Scheibe Tofu / Gemüsefrikadelle

Zubereitung

- ➢ Das Tofu würzen, falls notwendig und anbraten.
- ➢ Die Bagel aufschneiden und auf dem Toaster rösten
- ➢ Wasche den Salat und schneide die Tomate in Scheiben
- ➢ Gib auf die untere Hälfte des Bagel die Olivenpaste,
- ➢ (oder die Margarine)
- ➢ die Tofuscheibe, das Blatt Salat, die Tomate und lege die obere Hälfte oben drauf.

3. Rauf aufs Brot

Vollkornbrot mit Tomatenaufstrich

Zutaten

- 4 Scheiben Vollkornbrot
- 125g Tofu
- 8 EL Tomatenmark
- 2 kleine Zwiebeln oder Schlotten
- 2 Knoblauchzehen
- 2 EL Olivenöl
- Pfeffer, Salz
- Eventuell Gemüsebrühe
- Frische Kräuter je nach Saison (Basilikum, Majoran, Oregano, Kümmel, Chili Thymian etc.)

Zubereitung

- Zerkrümele den Tofu und Tomatenmark untermischen.
- Hacke die Zwiebeln fein, presse den Knoblauch und das ganze kurz in Öl andünsten.
- Zum Tofu geben und mit der Gabel zu einer Paste verarbeiten oder in einer Küchenmaschine alles klein pürieren.
- Bei Bedarf noch etwas Brühe unterrühren und mit frischen Kräutern abschmecken.

Grünes Monster Brot

Zutaten

- 4 Scheiben Vollkornbrot
- Kresse nach belieben
- Vegane Margarine

Zubereitung

> ➢ Bestreiche die Brotscheiben mit Margarine, streue eventuell etwas Kräutersalz darüber und verteile dann die frische Kresse auf dem Brot.

Humm-Humm-Hummus

Zutaten

- 1 Dose Kichererbsen
- Saft von einer Zitrone
- Kreuzkümmel
- Chilipulver, Paprikapulver
- Öl
- Salz und Pfeffer
- Petersilie, nach belieben

Zubereitung

- ➢ Püriere die Kichererbsen in der Küchenmaschine und gebe Zitronensaft und Salz hinzu.
- ➢ Nun vermische alles gut. Die Masse muss dickflüssig und geschmeidig sein, gebe eventuell etwas Wasser dazu.
- ➢ Schmecke den Hummus mit Gewürze und Kräuter ab. Fertig!

Guacamole

Zutaten

- ▪ 1 reife Avocado
- ▪ 1 kleine Zwiebel

- 1 kleine Chilischote
- 1 Tomate
- Zitronensaft
- Salz und Pfeffer

Zubereitung

- ➢ Schäle die Avocado und gebe sie in eine Schale.
- ➢ Füge alle restlichen Zutaten hinzu und zerdrücke alles mit einer Gabel alles gut.
- ➢ Am Einfachsten geht es allerdings mit der Küchenmaschine.

Tomatenbutter

Zutaten

- 200g Margarine
- Tomatenmark
- Salz und Pfeffer
- 1 Bd. Schnittlauch
- 1 Bd. Petersilie

Zubereitung

- ➢ Margarine (am Besten Streichzarte) bei Zimmertemperatur ein wenig stehen lassen.
- ➢ Wenn die Margarine weich genug ist füge Tomatenmark, Salz und Pfeffer hinzu.
- ➢ Schneide die Kräuter klein und hebe sie unter. Abschmecken und fertig!

Pikante Knobibutter

Zutaten

- 250g Margarine
- 3 Zehen Knoblauch
- Chilipulver
- Salz und Pfeffer

Zubereitung

- ➤ Schäle, schneide und presse die Knoblauchzehen und füge sie zur Margarine hinzu.
- ➤ Vermenge alles gut und schmecke es mit Salz, Pfeffer und Chili ab.

Bärlauchaufstrich

Zutaten

- 250g Margarine
- 6 Stangen Bärlauch
- Salz und Pfeffer

Zubereitung

- ➤ Waschen den Bärlauch und hacke diesen fein.
- ➤ Vermenge alles gut und schmecke es mit Salz, Pfeffer und anderen Kräutern nach Belieben ab.

Blitzbrot

Zutaten

- 500g Vollkornmehl
- 2 TL Salz
- 150g Körner nach belieben
- 1 Hefewürfel
- 400 ml lauwarmes Wasser
- 2 EL Essig oder Zitronensaft

Zubereitung

- ➤ Mische alle trockenen Zutaten
- ➤ Löse die Hefe im lauwarmen Wasser auf und verrühre alles
- ➤ Es muss eine klebrige Konsistenz ergeben
- ➤ Kastenform fetten und Brotteig hinein geben
- ➤ Brot in den kalten (!) Ofen stellen und bei 200° 1 Stunde backen lassen
- ➤ Eine Tasse mit Wasser dazu stellen, sodass das Brot nicht zu knusprig wird.

Tomaten-Bruschetta

Zutaten

- 3 große Tomaten
- Rucola Salat
- 2 kleine Knoblauchzehen
- 1 kleine Zwiebel

37

- ½ Baguette (oder 3 Baguettebrötchen zum Aufbacken)
- Essig
- Salz, Pfeffer, Zucker

Zubereitung

- ➢ Heize den Backofen auf 250° Grad vor. Wasche die Tomaten, schäle und schneide sie in Würfel.
- ➢ Wasche den Rucola und schneide ihn klein. Schäle die Zwiebeln und den Knoblauch und schneide beides klein. Presse den Knoblauch.
- ➢ Vermenge alles in einer Schüssel und schmecke es mit Salz, Pfeffer, Zucker und Essig ab.
- ➢ Lasse alles 1 bis 2 Stunden ziehen. Schneide das Baguette bzw. die Baguettebrötchen auf und röste

sie im Ofen leicht an (geht auch gut auf dem Toaster).
- ➢ Gebe das Bruschetta auf die Brotscheiben und verteile es auf den Tellern.

Olivenpaste

Zutaten

- 250g Oliven, gemischt oder nur grüne oder nur schwarze
- 1-2 Knoblauchzehen
- ½ Bd. Petersilie
- 4 EL Olivenöl
- eine Hand voll Nüsse (nach belieben), Pinienkerne oder Sonnenblumenkerne
- Pfeffer und Salz

Zubereitung

➢ Gebe alle Zutaten in eine Mixer und püriere alles fein. Abschmecken und fertig.

4. Salatbar

Basissalat

Zutaten

- 1 Kopf Römersalat
- 200g Rucola
- Petersilie

Zubereitung

➢ Salat waschen und klein rupfen. Petersilie klein schneiden (geht gut mit einem Wiegemesser).
➢ Im Folgenden findet ihr Salatsaucen.

Weitere Salatsorten findet ihr in unserem Saisonkalender. Zudem kann man verschiedenste Wildkräuter verwenden, wie zum Beispiel Gänseblümchen, Giersch, Bärlauch, Borretsch, Brennnessel, Kamille, Sauerampfer, Waldmeister, Salbei, Minze, Melisse oder andere. Diese Kräuter sind äußerst gesund und ihr könnt sie kostenlos in der Natur sammeln. Allerdings immer gut abwaschen bevor Du diese weiterverarbeitest.

Dressing

Essig-Öl Dressing

Zutaten

- 2 TL Zucker oder Agavensirup
- 1 TL Salz
- 4 EL Wasser
- 3 EL Balsamico (weiß oder dunkel)
- 5 EL Öl (Olivenöl oder je nach belieben)
- 1 kleine fein gewürfelte Zwiebel

Orangendressing

Zutaten

- Saft einer Orange
- 2 EL Öl
- 3 EL Balsamico
- 3 EL Wasser
- 1 Schalotte, fein gehackt
- Pfeffer, Salz, Salatkräuter

Erfrischendes Zitronendressing

Zutaten

- 1 Zitrone, gepresst
- 1 Zwiebel
- 3 EL Wasser

- 2 EL Olivenöl
- 1 EL Salatkräuter
- 1 Prise Zucker
- Salz, Pfeffer

Süßes Joghurtdressing

Zutaten

- 2 EL Agavendicksaft
- 4 EL Sojajoghurt
- 6 EL Essig
- 8 EL Öl
- 2 EL Sojasauce

Ahornsirup-Senf Dressing

Zutaten

- 100 ml Olivenöl
- 1 TL Weißweinessig
- 4 EL Senf (mild-mittelscharf)
- 2 EL Ahornsirup
- 3 gehäufte EL fein gehackte Petersilie
- Gemüsebrühenpulver
- Pfeffer

Zubereitung des Dressings

- ➢ Alle Zutaten gut miteinander verrühren und mit Gewürzen des jeweiligen Rezeptes abschmecken!

Sweet Erdbeer Feldsalat

Zutaten

- 150g Feldsalat
- 350g Erdbeeren
- 1 Schalotte, fein geschnitten
- 3 EL Kürbiskernöl
- 2 EL Balsamico
- 1 Schuss Wasser
- Salatkräuter

- Geröstete Pinienkerne
- Salz und Pfeffer

Zubereitung

- ➤ Wasche den Feldsalat gut und putze ihn.
- ➤ Gib ihn in eine Schüssel. Ebenso die Erdbeeren gut waschen, Stiele abschneiden und vierteln.
- ➤ Die Erdbeeren zum Feldsalat geben. Rühre nun Essig und Öl mit Salatkräutern und einer klein geschnittenen Schalotte, in einem kleinen Schälchen an und schmecke es ab.
- ➤ Röste die Pinienkerne an.
- ➤ Zuerst die Sauce über den Salat geben, dann die Pinienkerne.

Nudelsalat

Zutaten

- 200g Nudeln (nach belieben)
- 200g Kirschtomaten, rote
- 200g Kirschtomaten, gelb
- ½ Salatgurke
- 1 Paprika
- 2 Möhren
- 4 EL Essig, weiß
- ½ Bd. Schnittlauch
- 2 EL Basilikum (entweder frisch oder getrocknet)
- 7 EL Olivenöl
- Salz, Pfeffer
- Oliven
- Tofu

Zubereitung:
> Koche die Nudeln und lass sie abkühlen.
> Wasche und schneide das Gemüse.
> Rasple die Möhren. Gebe alles in eine Schüssel auch Kräuter. Füge Essig und Öl hinzu.
> Mische danach die Nudeln unter und schmecke alles ab.
> Am besten schmeckt der Salat, wenn man ihn 1-2 Std. im Kühlschrank ziehen lässt.

Tipp: Wenn man den Salat lieber mit eine cremigen Sauce möchte, dann einfach 1 bis 2 Becher Sojajoghurt unterheben und nochmals abschmecken.

Rote Beete Radicchio Salat

Zutaten

- 250g Rote Bete
- 1 kleiner Kopf Radicchio Salat
- 1 kleine rote Zwiebel
- 10 Walnüsse, gehackt
- 1 kleiner Apfel
- 1 reife Birne
- 2 EL Balsamico
- 2 EL Olivenöl
- 2 EL körniger Senf
- 1 TL Zucker
- eine Hand voll Rosinen
- Zitronensaft
- Salz, Pfeffer

Zubereitung

- ➤ Lege die rote Bete 15 Minuten in kochendes Wasser mit Zitronensaft.
- ➤ Schneide den Radicchio und wasche ihn in lauwarmem Wasser (so verliert er die herbe Note).
- ➤ Reiße die Blätter klein. Wasche Birne und Apfel und schneide alles in hauchdünne Scheiben.
- ➤ Benetze das Ganze mit Zitronensaft, damit sie nicht braun werden und beiseite stellen.
- ➤ Mische Senf, Balsamico, Öl, Salz, Pfeffer, Zucker und Walnüsse und würze nach Belieben noch mit anderen Gewürzen.
- ➤ Schneide die Zwiebel in dünne Würfel und gebe sie zur Sauce dazu.
- ➤ Nimm die rote Bete aus dem Wasser, schälen sie und in schneide sie in dünne Scheiben.
- ➤ Richte Radicchio, Apfel, Birne und rote Bete auf dem Teller an und gieße die Sauce darüber.

Taboulé

Zutaten

- 130 ml Wasser
- 100g Bulgur
- Salz
- ½ Bd. Schnittlauch
- 1Bd. Petersilie
- ½ Bd. Minze
- 1 Tomate, fein gewürfelt
- 1 Paprika, fein gewürfelt
- ¼ Salatgurke
- 1 Knoblauchzehe
- 4 EL Zitronensaft
- 2 EL Olivenöl
- 1 Tasse eingeweichte Rosinen
- 10 Oliven (schwarz und grün), in Ringe geschnitten

TIPP: Für die leckere Wintervariante nehmt ihr einfach eine geraspelte Karotte, Walnüsse und Endiviensalat

Zubereitung

- ➢ Bereite den Bulgur nach Packungsanweisung zu und lass ihn abkühlen.
- ➢ Lockere ihn mit einer Gabel auf und rühre Olivenöl, Zitronensaft und etwas Salz unter.
- ➢ Hacke Schnittlauch, Petersilie und Minze fein.
- ➢ Schneide Tomate, Paprika, Gurke in kleine Würfel.
- ➢ Hacke Knoblauch und Zwiebeln klein und mische alle Zutaten zusammen in einer Salatschüssel. Abschmecken. Fertig.

Reissalat mit Curry

Zutaten

- ▪ 2 Tassen Reis
- ▪ ½ Dose Mais
- ▪ 1 Paprikaschote, fein gewürfelt
- ▪ 2 Möhren, geraspelt

- ½ Stange Lauch, in hauchdünne Scheiben geschnitten (wahlweise auch Frühlingszwiebeln)
- ½ Glas Sojasprossen
- 1 kleiner Apfel, geraspelt

Für die Sauce

- 1 EL Zucker
- 5 EL Öl
- 3 EL Essig
- 2 EL Wasser
- 1 TL Sambal Olek
- Salz, Pfeffer
- 1TLCurry

Zubereitung

➢ Koche den Reis nach Anleitung und schrecke ihn ab.

- ➢ Gemüse schneiden und zusammen mit dem Reis in eine Schüssel geben. Bereite die Sauce zu.
- ➢ Hierzu alles zusammen mischen und über der Reis Gemüse Mischung verteilen. Nach belieben nachwürzen.

Couscous Kichererbsen Salat

Zutaten

- 1 Tasse Couscous
- 1 große unbehandelte Orange
- 3 Frühlingszwiebeln
- 200g Fleischtomaten
- 120g Kichererbsen (aus der Dose)
- 30g Oliven, gemischt
- 1 Knoblauchzehe
- 2 EL Petersilie
- 2 EL Essig
- 1 EL Olivenöl
- Pfeffer und Salz
- 1 Prise Zucker

Zubereitung

- ➢ Bereite den Couscous nach Anleitung zu.
- ➢ Wasche die Orange heiß ab, reibe die Schale zur Hälfte ab und gebe sie in eine Schüssel.
- ➢ Schäle dann die Orange und schneide sie in kleine Stücke. Wasche die Frühlingszwiebeln und schneide sie in feine Ringe.

- ➤ Seihe die Kichererbsen und die Oliven ab. Presse den Knoblauch und gib alle Zutaten zu den Orangen.
- ➤ Zum Schluss Petersilie, Essig und Öl, Pfeffer, Petersilie, Salz und Zucker beigeben.

Rucola-Kartoffelsalat

Zutaten

- 350g Kartoffeln, fest kochend
- 1 große Zwiebel, fein geschnitten
- 100g Gewürzgurken, in feine Scheiben geschnitten
- 1 Karotte, fein geraspelt
- 100g Rucolasalat, gewaschen und geschnitten
- 5 EL Apfelessig
- 3 EL Öl

- 1 TL Senf
- ½ TL Muskat
- Salz, Pfeffer
- 1 TL Bohnenkraut
- 1 TL Paprikapulver
- halber Bund frische Petersilie

Tipp: Wer lieber eine weiße Sauce zum Kartoffelsalat mag fügt einfach einen halben oder einen ganzen Becher Sojajoghurt hinzu.
Tipp: Statt Gewürzgurken kann man auch Apfelstücke und Nüsse in den Salat mischen.

Zubereitung

- ➢ Koche die Kartoffeln mit Pelle, lass sie abkühlen, schäle sie und schneide sie in Scheiben.

- ➢ Schneide alle anderen Zutaten (außer Rucola) in der Zwischenzeit und gib sie in eine Schüssel.
- ➢ Füge die abgekühlten Kartoffeln hinzu.
- ➢ Mische nun in einem Schälchen Senf, Essig, Öl, Kräuter (eventuell der Sojajoghurt) und schmecke das ganze ab. Rühre das Gemisch unter das Gemüse und die Kartoffeln.
- ➢ Mische zuletzt den Rucola unter.

5. Für den großen Hunger

„Fisch"-stäbchen

Zutaten
für 10 – 12 Tofufischstäbchen
- 200g Tofu, natur
- 1 EL Wakame instant Algen
- 2 EL Sojasauce
- 1EL Zitronensaft
- 75 ml warmes Wasser
- 1 EL Hefeflocken
- 1-2 Pr. Salz und Pfeffer
- 75-100,l Wasser
- Paniermehl
- Rapsöl
- 1 EL vegane Margarine oder Öl, zum Braten

Dazu schmeckt gut: Salat oder Kartoffeln mit Spinat

Zubereitung

- ➢ Friere den Tofu über Nacht ein und taue ihn am

nächsten Tag wieder auf (Achtung früh genug rausholen, damit er auftauen kann).

- ➢ Gefroren ist der Tofu hellbraun und wird weiß, wenn er auftaut. Also nicht wundern!
- ➢ Schneide den Tofu in dicke Scheiben (ca. 0,7 cm) und drücke mit einem sauberen Handtuch oder Küchenkrepp vorsichtig die Feuchtigkeit heraus.
- ➢ Übergieße die Wakame Algen mit dem warmen Wasser, lasse sie 15 Minuten quellen.
- ➢ Verrühre den Sud und die Algen mit der Sojasauce und dem Zitronensaft, wende den Tofu darin und mariniere ihn mindestens eine Stunde (eher länger). Entferne die überschüssigen Algen von den Tofuscheiben und nimm den Tofu aus der Marinade.
- ➢ Verrühre in einem tiefen Teller das Weizenmehl mit den Hefeflocken, Salz, Pfeffer und soviel Wasser, dass ein eher dünnflüssiger "Teig" entsteht.
- ➢ Gib in einen zweiten Teller das Paniermehl.
- ➢ Tauche nun die Tofuscheiben mit zwei Gabeln oder den Fingern erst in die Mehl-Teig-Pampe, von dort aus im Paniermehl gut wenden, so dass die Stäbchen von allen Seiten schön paniert sind.
- ➢ Erhitze das Rapsöl mit der Margarine in einer beschichteten Pfanne und brate darin die Tofu-Stäbchen schön knusprig braun.

Am besten heiß servieren und mit etwas mit Zitronensaft beträufeln.

Speed Tortellini-Pesto

Zutaten

- 300g vegane Tortellini

Für das Pesto

- 1 Hand voll Sonneblumenkerne oder Pinienkerne (oder Mischung)
- 1 Prise Salz
- etwas Knoblauch
- 1 Hand voll Petersilie, Basilikum oder Koriander, frisch
- etwas Öl
- etwas Wasser

Zubereitung

- ➢ Koche die Tortellini ab. Gebe alle Pestozutaten in einen Mixer und mixe es für ein paar Sekunden. Fertig.

Schnelle Wraps

Zutaten

- 2-4 Tortillas, je nach Hunger (kaufen oder selber machen)
- 1 große Tomate, gewürfelt
- 3 Saure Gurken
- ¼ Dose rote Bohnen
- Mais, nach belieben
- 1 Paprikaschote, klein gewürfelt
- 1 kleine Zwiebel, gewürfelt
- 1 Sojajoghurt mit Kräutern nach belieben angereichert
- Chiliflocken
- Salz und Pfeffer
- Bei Bedarf Sojatofu anbraten

Zutaten

> ➤ Schneide alle Zutaten klein wie im Rezept angegeben.
> ➤ Verteile die Tortillas auf die Tellern und bestreiche sie mit Soja-Kräuter Creme.
> ➤ Nach belieben die Zutaten darauf verteilen.
> ➤ Wenn möglich Wraps einrollen. Geht am besten in Alufolie (die sollte man dann zuerst auf den Teller legen). Fertig!

Basis Tortilla

Zutaten (für 4 Personen)

- ½ Tasse Weizenmehl
- ½ Tasse Mehl (Kichererbsen- oder Maismehl)
- ½ TL Salz
- ½ TL Backpulver
- 2 EL Olivenöl
- ⅓ Tasse Wasser
- Mehl für die Arbeitsfläche

Zubereitung

> ➤ Vermische die trockenen Zutaten und rühre die nassen Zutaten mit einem Mixer ein.
> ➤ Sobald es ein weicher aber kompakter Teig ist auf eine bemehlte Fläche geben. Knete die Wraps kräftig durch. Trenne den Teig in etwa 4 gleichgroße Teile.

- ➢ Ein Bällchen nehmen und zu einer Scheibe formen.
- ➢ Dann auf einer bemehlten Oberfläche ausrollen bis sie ca. 2 Teller groß und dünn sind.
- ➢ Wiederhole den Vorgang bis alle ausgerollt sind.
- ➢ Erwärme eine beschichtete Pfanne, ohne Fett.
- ➢ Gib die Tortillas hinein und brate sie auf jeder Seite 30 – 60 Sekunden an.
- ➢ Beide Seiten werden unterschiedlich aussehen auf Grund der Wärmeverteilung.
- ➢ Fertige Tortillas auf einem Teller stapeln und mit einem Geschirrtuch oder Alufolie abdecken, damit sie warm bleiben.

Italienische Pizza

Zutaten

Für die Pizza

- 200g Dinkelmehl (Vollkorn)
- ½ Pck. Frische Hefe
- 100 ml lauwarmes Wasser
- 1 Pr. Salz
- 150 ml lauwarmes Wasser
- 100 ml dickflüssige Tomatensauce
- Rosmarin, Oregano, Thymian, Basilikum
- Öl
- 1 Paprikaschote
- 1 Zwiebel, in feine Scheiben geschnitten
- Oliven
- Pilze, in Scheiben geschnitten

Weitere Zutaten, nach belieben

Für den Hefeschmelz:
- 4 EL Hefeflocken
- 2 EL vegane Margarine
- 2 EL Weizenmehl
- 1 TL Senf
- 1 TL Salz
- 150 ml Wasser

Zubereitung

- ➢ Für den Pizzateig fülle 200g Mehl in eine Schüssel, brösele in kleine Mulde Hefe und 1Prise Zucker dazu.
- ➢ Vermenge alles mit 100 ml lauwarmem Wasser und gebe etwas Salz und 2 EL Öl dazu.
- ➢ Nach Belieben noch Oregano (getrocknet) mit untermengen.
- ➢ Knete den Teig ordentlich durch, decke ihn mit sauberem Küchentuch ab und stelle die Schüssel an einen warmen Platz. Lass das ganze 30 Minuten gehen.
- ➢ In der Zwischenzeit wasche und schnippele alle Zutaten zum Belegen der Pizza.
- ➢ Knete den Pizzateig nochmals ordentlich durch, dünn ausrollen und mit der Tomatensauce bestreichen.
- ➢ Mit dem Gemüse belegen.

Für den **Hefeschmelz** schmelze die Margarine in einem kleinen Topf, rühre mit dem Schneebesen 2 EL Mehl ein und gieße mit 150ml Wasser auf.
Hefeflocken, 1 TL Salz und 1TL Senf hinzu. Unter Rühren

noch kurz aufkochen lassen, dann mit einem Löffel über die Pizza tröpfeln.

Nach Geschmack mit Kräutern bestreuen.

Im vorgeheizten Backofen bei 180 Grad bis zum gewünschten Bräunungsgrad backen.

Gefüllte Paprika à la Griechenland

Zutaten

- 2 große Paprika
- 50g feine Sojaschnetzel
- 125 ml Gemüsebrühe, kochend
- 2 EL Olivenöl
- 100g Reis
- 250g Wasser, kochend
- 1 Prise Salz
- 1 Zwiebel, fein gehackt
- 1 Knoblauchzehe
- 1 EL Rosinen
- 1 EL Mandeln, gehackt
- 1 EL Minze, fein gehackt
- Salz und Pfeffer
- 1 EL Tomatenmark
- ½ Dose Tomaten, fein gehackt

Zubereitung

- ➤ Übergieße Sojaschnetzel mit 125ml kochender Gemüsebrühe, ca. 20 min ausquellen lassen und anschließend auf einem Sieb abtropfen lassen.
- ➤ Erhitze 2 EL Olivenöl in einer Pfanne, lass den Reis darin kurz anbraten und lösche ihn mit dem kochendem Wasser ab.
- ➤ Mit 1 Prise Salz würzen und den Reis bei mittlerer Hitze etwa 15 min köcheln lassen, bis das Wasser aufgesogen ist.
- ➤ Den Reis vom Herd nehmen und abgedeckt stehen lassen. Den Backofen auf 180°C vorheizen.
- ➤ Erhitze in einer Pfanne 2 EL Olivenöl und dünste die Zwiebeln und den Knoblauch darin etwa 5 min glasig an.
- ➤ Gib die abgetropften Sojaschnetzel hinzu und brate sie so lange an, bis die Sojaschnetzel leicht gebräunt sind. Rosinen und Mandeln hinzugeben.
- ➤ Das Tomatenmark, die den Tomatensaft und die

zerkleinerten Tomaten aus der Dose hinzugeben.
- ➢ Mit Salz und Pfeffer abschmecken.
- ➢ Die Hitze reduzieren und alles so lange weiter köcheln lassen, bis die Flüssigkeit aufgesogen ist.
- ➢ Den Reis hinzugeben, alles gut vermengen und vom Herd nehmen.
- ➢ Anschließend die fein gehackte Minze untermischen.
- ➢ Wasche die Paprikaschoten, Deckel abschneiden und Schoten vom Kerngehäuse befreien.
- ➢ Die Paprikaschoten in eine geölte Auflaufform stellen und mit der Soja-Reis-Mischung füllen.
- ➢ Die Deckel auf die Paprikaschoten setzen. Restliche Soja-Reis-Mischung zwischen die Paprikaschoten in die Auflaufform geben.
- ➢ Die restlichen Tomaten aus der Dose mit den Saft ebenfalls in die Auflaufform geben und die Paprikaschoten mit Alufolie abgedeckt im Ofen ca. 30-45 min garen.

Tipp: Geht ebenso mit Champignon oder Tomaten

Spaghetti „Bolognese"

Zutaten

- ▪ 300g Spaghetti
- ▪ 200g Tofu (oder Sojaschnetzel eingelegt)
- ▪ ½ Dose Tomatensauce
- ▪ 1 Knoblauchzehe
- ▪ 1 kleine Zwiebel, fein gehackt
- ▪ Thymian, Basilikum
- ▪ 2 TL Öl

- Salz und Pfeffer
- 2 TL Gemüsebrühe
- ein wenig Wasser

Zubereitung

- ➢ Koche die Nudeln ab.
- ➢ Schneide in der Zwischenzeit die anderen Zutaten klein, dünste die Zwiebeln und den Knoblauch an, gib den Tofu hinzu und dünste ihn ebenfalls kurz an.
- ➢ Füge dann die restlichen Zutaten hinzu und kochen bis alles gar ist.

Bunter Nudelauflauf

Zutaten

- 300g Nudeln
- 200g tiefkühl Spinat
- 2 Tomaten
- 1 Karotte
- 1 Paprika
- 1 Zucchini
- 100ml Weißwein
- 1 Zwiebel
- 1 Knoblauchzehe
- Hefeschmelz (siehe Zubereitung im Pizzarezept)

- 200 ml Gemüsebrühe

Zubereitung

- ➢ Nudeln abkochen (al dente).
- ➢ Tiefkühlspinat auftauen und anderes Gemüse kleinschneiden. Alles in eine Auflaufform schichten und mit dem Weißwein und Gemüsebrühe (nach belieben) übergießen.
- ➢ Hefeschmelz oben drüber streuen. Ca. 30 Minuten in den Backofen, bis goldbraun gebacken.

Self Made Döner

Zutaten

- 2 Dönerfladen (schnell selbst gebacken aus Ciabattateigmischung)
- 1 Karotte, geraspelt
- 1 kleine Zwiebel, fein gehackt
- 1 Stück Gurke, fein geschnitten
- Mais

- 1 Tomate, fein geschnitten
- 3 Blatt Eisbergsalat, klein gerupft
- Salz, Pfeffer
- Tofu (am besten schon vorgewürzt)

Für die Sauce

- Sojajoghurt
- Petersilie
- 1 Knoblauchzehe
- Gewürze

Zubereitung

- ➢ Schneide das Gemüse in mundgerechte Stücke und stelle es in kleine Schälchen hin. Den Tofu ebenso schneiden, am Besten in feine Scheiben.
- ➢ Mische für die Sauce alle Zutaten zusammen und schmecke sie ab.
- ➢ Schneide den Fladen auf, aber nicht komplett. Röste diesen kurz im Backofen an und dann verteile sie auf den Tellern.

> Jeder kann sich nun nach Belieben den Döner belegen.

Tipp: Kann auch noch mit Sojageschnetzeltem oder anderem Gemüse (Paprika, Zucchini, belegt werden. Und für die Scharfen unter euch schmeckt es auch gut mit einem Hauch von Tabasco oder Chilipulver.

Spargelrisotto

Zutaten

- 500g Spargel
- 1 Tasse Reis (Risottoreis)
- 1 Bd. Frühlingszwiebeln
- 2 Tassen Gemüsebrühe
- 1 Knoblauchzehe

- 2 EL Margarine
- Basilikum
- Etwas Sojaquark oder vegane Sahne

Zubereitung

- ➢ Würfel die Zwiebel und dünste sie in Öl an.
- ➢ Füge den Reis hinzu und fülle das Ganze mit Gemüsebrühe auf.
- ➢ Schäle den Spargel und schneide ihn in etwas 1 cm lange Stücke.
- ➢ Gib sie mit dem Knoblauch zum Reis.
- ➢ Aufkochen lassen und ca. 15 Minuten köcheln lassen.
- ➢ Mische Margarine und Kräuter unter und verfeinere das Ganze nach Belieben mit Sojasahne.

Orangen-Fenchel Gemüse

Zutaten

- 1 Knolle Fenchel
- 1 Orangen
- 1 Scheibe Ingwer
- 1 Zwiebel, fein gehackt
- Salz, Pfeffer
- 1 Pr. Zucker
- Olivenöl
- 1 Schuss Weißwein

Zubereitung

- ➢ Wasche und putze den Fenchel und schneide ihn in feine Scheiben.
- ➢ Das Fenchelgrün aufbewahren.
- ➢ Dünste den Anis, den Ingwer und die Zwiebel mit dem Öl in einem Topf an.
- ➢ Gib den Fenchel hinzu und röste alles kurz an. Mit dem Wein ablöschen. Orangen schälen und klein schneiden.
- ➢ Füge die Prise Zucker hinzu.
- ➢ Dazu schmeckt gut Hirse, Quinoa oder Weizen.

Geditschte-Gedatschte

Zutaten

- Kartoffelpüree (übrig vom Vortag)
- Öl
- Salz und Pfeffer

Zubereitung

- ➢ Erhitze das Öl in der Pfanne und forme mit den Händen kleine Frikadellen.
- ➢ Diese im heißen Fett auf beiden Seiten anbraten und eventuell mit Salz und Pfeffer bestreuen. Fertig.

Tipp: Dazu schmeckt besonders gut ein bunter Sommersalat

Maronengemüse

Zutaten

- 350g Maronen
- 1 Schalotte
- 50g Margarine
- Pfeffer, Salz
- ½ Bd. Petersilie

Zubereitung

- ➤ Koche die Maronen in Topf mit Wasser ca. 20 Minuten.
- ➤ Nimm sie dann heraus, lass sie abkühlen, schäle und häute sie.
- ➤ Schäle und würfle die Schalotten.
- ➤ Erhitze die Margarine und dünste die Schalotten an.
- ➤ Füge die Maronen hinzu und würze sie mit Pfeffer und Salz. Brate sie an und bestreue sie mit Petersilie.
- ➤ Dazu Bratkartoffeln oder Reis reichen.

Asianudelpfanne

Zutaten

- 150g Glasnudeln (breit)
- 150g -200gTofu
- 1 rote Paprikaschote, in Streifen geschnitten
- ½ Stange Lauch
- 1 Möhre, in Stifte geschnitten
- 70 ml Sojasauce
- ½ Glas Mungobohnenkeimlinge
- 150-200 ml Brühe
- Pfeffer, Salz, Ingwer
- ½ Glas Bambussprossen
- Öl

Zubereitung

- ➤ Schneide das Gemüse. Lass die Mungobohnen und Bambussprossen abtropfen.

- ➢ Koche die Nudeln nach Anleitung. Erhitze das Öl in einer Wokpfanne und brate das Tofu darin an.
- ➢ Salzen, Pfeffern und würzen nach Belieben (Chilipulver) und dann das Gemüse hinzufügen.
- ➢ Zuerst die Möhren, da diese etwas länger brauchen.
- ➢ Lösche es mit Gemüsebrühe ab.
- ➢ Zuletzt mit Sojasauce, Salz und Pfeffer abschmecken.

Chili sin carne

Zutaten

- 1 Tasse Reis
- 200g Sojagehacktes
- 150 ml kochendes Wasser
- 2 EL Olivenöl
- 1 kleine Zwiebel, gehackt
- 1 Paprikaschote gewürfelt
- 1 Zehe Knoblauch, zerdrückt
- 1 Dose Kidneybohnen, abgetropft und abgewaschen
- 1 kleine Dose Mais
- 1 Schuss Rotwein
- 2 Chilischoten
- ½ Dose Tomaten, in Stücken
- 150 ml Gemüsebrühe
- Oregano, Thymian, Majoran, Chiliflocken, Salz und Pfeffer

Zubereitung

- ➤ Koche den Reis nach Anleitung.
- ➤ Während diese kocht erhitze Öl im Topf und dünste die gehackten Zwiebel und Knoblauch an.
- ➤ Tomaten und Sojagehacktes hinzugeben. Lass alles köcheln. Nach ein paar Minuten Mais, Bohnen und Chiliringe hinzugeben und mit dem Rotwein ablöschen.
- ➤ Koche das Ganze auf und füge die Gemüsebrühe hinzu. Lass es noch eine Weile köcheln.

Gemüsetaschen

Zutaten

- ▪ 1 Packung veganer Blätterteig (z.B. von Moin Bio)

- 200g Tiefkühlspinat
- 1 Paprika, rot
- Mais
- 1 Zwiebel, fein gehackt
- ein wenig Sojamilch

Zubereitung

- ➢ Schneide den Blätterteig zu, sodass man 4 Taschen falten kann.
- ➢ Lege ihn auf dem Backblech aus und belege ihn mit Zutaten. Man kann hierbei der Kreativität freien Lauf lassen und sollte nur darauf achten, dass es nicht zu flüssig wird.
- ➢ Dann die Taschen zusammenfalten und mit Sojamilch bestreichen.
- ➢ Für ca. 20 Minuten in den Ofen, bis goldbraun.

Reibedatschi

Zutaten

- ½ kg festkochende Kartoffeln, mit der Küchenmaschine gehäckselt
- 1 kleine Zwiebel
- Salz, Pfeffer, Muskatnuss
- Schnittlauch oder Petersilie, wer mag
- Öl zum Ausbraten

Zubereitung

- ➤ Die Kartoffeln im Häcksler kleinmachen.
- ➤ Schneide die Zwiebel in Würfel und menge sie unter die Kartoffelmasse. Würze alles gut.
- ➤ Drücke den Saft aus den Kartoffeln und gieße ihn ab.
- ➤ Erhitze nun das Öl in einer Pfanne und forme kleine Bällchen aus der Kartoffelmasse.
- ➤ Lege die Bällchen in die Pfanne und drücke sie platt.
- ➤ Von jeder Seite solange braten bis bräunlich.

Krosses Vegan Schnitzel

Zutaten

- 2 Scheiben Sellerie oder 2 Scheiben Tofu
- Cornflakes, zerkrümelt
- Mehl
- Sojamehl
- Wasser
- Salz und Pfeffer

Zubereitung

- Um das Ei bei der Panade zu ersetzten nimmt man Sojamehl und Wasser und vermengt das zu einer dicken Pampe (auf 1 EL Sojamehl kommen 2 EL Wasser).
- Würze das Ganze gut.
- Wende die Selleriescheibe oder Tofuscheibe erst in Mehl, dann in der Sojamehl-Wasser Pampe und anschließend in den zerkrümelten Cornflakes.
- Erhitze nun das Öl in der Pfanne und backe die Schnitzel goldbraun.
- Beilage nach Belieben, z. B. gebratenen Kartoffelsticks und Gemüse.

Lasagne à la Ratatouille

Zutaten

- 0,5kg Kürbis
- 1 Dose Tomatensauce (nach Belieben würzen)
- 400g Spinat, frisch
- Basilikum, Oregano, Rosmarin
- Salz, Pfeffer
- Lasagneplatten

- Öl
- Hefeschmelz

Zubereitung

- ➢ Schäle den Kürbis und schneide ihn in kleine Stücke.
- ➢ Diese auf ein Blech legen und mit Öl beträufeln.
- ➢ Bei 200 Grad im Backofen rösten, bis er weich ist.
- ➢ Streiche eine große Auflaufform mit Öl aus.
- ➢ Wasche den Spinat und stelle ihn zur Seite.
- ➢ Nimm den Kürbis aus dem Ofen, wenn er weich und zerdrücke ihn mit der Gabel oder püriere ihn mit dem Zauberstab.
- ➢ Gib nun eine Schicht Tomatensauce in die Auflaufform, dann eine Schicht Kürbis und eine Schicht Spinat hinzufügen.
- ➢ Dann lege eine Schicht Lasagneplatten darüber. Die Schichten solange wiederholen bis alles verbraucht ist.
- ➢ Zuoberst eine Lage Hefeschmelz.
- ➢ Dann ab in den Ofen für ca. 40 Minuten.
- ➢ Würzen nicht vergessen!
- ➢ Rosmarin on Top schmeckt besonders gut.

Pikanter Chili Tofu Burger

Zutaten

- 2 große Burgerbrote
- 150g fester Tofu (zum Beispiel von Rewe)
- ½ zerkleinerte rote Paprika
- 1 kleine Zwiebeln in Ringe geschnitten

- Salat (Eisbergsalat)
- 1 Tomate, in Ringe geschnitten
- Ketchup
- Chilisauce (Maggi Texicana Salsa)
- Salz, Pfeffer, Muskat, Chiliflocken

TIPP: Wer aus dem Gemisch eine Frikadelle braten will, sollte zu der Mischung noch Sojamehl hinzufügen oder das ganze grob pürieren, sodass sich gut eine Frikadelle formen lässt.
TIPP: Schmeckt auch gut mit Tartex Rucola Senf Aufstrich
TIPP: Grünkern Dinkel Bratlinge (Fertigmischung von Burger) sind auch lecker

Zubereitung

- ➤ Erhitze das Öl bei mittlerer Hitze in einer großen Bratpfanne.
- ➤ Füge Zwiebeln und rote Paprika hinzu, brate ca. 5 Minuten an, bis das Gemüse gekocht ist.
- ➤ Füge den Tofu hinzu und brate weitere 15 Minuten, bis der Tofu fast zerkocht ist.
- ➤ Ketchup, Chilisauce, Salz und Pfeffer hinzufügen und bei schwacher Hitze weiter kochen, bis die Mischung durch und durch erhitzt ist.
- ➤ Ggf. etwas Wasser hinzufügen, falls die Mischung noch zu trocken ist.
- ➤ Mit Löffeln auf leicht getoasteten Burgerbrötchen verteilen.
- ➤ Salat und Tomate darauf legen.

Tipp: Schmeckt besonders gut mit Pommes oder ein frischer Salat

Quinoa Gemüsepfanne

Zutaten

- 150g Quinoa
- 4 EL Olivenöl
- ½ Liter Gemüsebrühe
- 3 Karotten
- ½ Stange Lauch
- 1 Kartoffel
- 50g Walnüsse
- ½ Bd. Petersilie
- 1 Schuss Zitrone
- Salz und Pfeffer

Zubereitung

- Brate das Quinoa und 1EL Öl 5 Minuten an.
- Füge dann die Gemüsebrühe hinzu und koche alles leicht für 45 Minuten.
- Wasche und schneide in der Zwischenzeit Karotten, Lauch und Kartoffel.
- Gib das Gemüse und die Kartoffel nach 25 Minuten zum Quinoa und gare für weitere 10 Minuten.
- Sollte noch zu viel Flüssigkeit vorhanden sein mit offenem Deckel weiter köcheln lassen.
- Würze dann mit Zitronensaft (oder auch Ingwer), Salz und Pfeffer.
- Mische zuletzt die zerkleinerten Walnüsse und Petersilie unter.

Blätterteig Spinat Quiche

Zutaten:

- 250g veganen Blätterteig
- 2 Schalotte
- 2 Stangensellerie
- 1 Knoblauchzehe
- 1 große Möhre
- 1 Paprika, rot
- 200g Spinat
- ½ kleine Dose Erbsen
- Salz, Pfeffer, Paprikapulver
- 1 Chili Schote (grün)
- 125g Naturtofu
- 100g Räuchertofu
- ½ Brötchen vom Vortag
- 80 ml Haferdrink
- 2 EL Hefeflocken
- Salz, Pfeffer, Muskatnuss
- 2 TL gehackte Petersilie

Zubereitung

- ➢ Würfle die Schalotten fein und dünste sie glasig in Olivenöl an.
- ➢ Würfel den Sellerie, schneide den Spinat und die Möhre in feine Streifen und mit der Knoblauchzehe (fein gehackt oder durch eine Presse gedrückt) zu den Zwiebeln geben.

- ➢ Ihr könnt tiefkühl Erbsen und Spinat verwenden, diese dann aber rechtzeitig zum Auftauen rausstellen.
- ➢ Wenn der Spinat eingefallen ist, würze die Mischung gut und stelle sie zur Seite.
- ➢ Gib das Tofu, das Knödelbrot und die Petersilie in den Mixer. Gut würzen, mit Hefeflocken abschmecken und die Spinatmischung unterheben.
- ➢ Würze bei Bedarf noch nach.
- ➢ Rolle den Blätterteig aus und lege ihn in der Auflaufform aus. Gib die Füllung hinein geben und streiche sie glatt. Wer möchte, kann Hefeschmelz darüber geben.
- ➢ Bei 180° Ober-/Unterhitze 30-40 Minuten backen.
- ➢ Je nach Backofen, gewählter Form und Blätterteig dauert der Backvorgang unterschiedlich lang.
- ➢ Die Quiche ist fertig, wenn der Blätterteig knusprig golden glänzt.

Tipp: Quiche mit Salat oder Antipasti servieren.
Tipp: Wer die Quiches schnittfest servieren möchte lässt sie vor dem Servieren 30 Minuten abkühlen

Saucen

"Käsesauce"

Zutaten

- ▪ 1 mittlere Kartoffel, geschält und gewürfelt
- ▪ 1 kleine Karotte, in dicke Scheiben geschnitten
- ▪ 1 kleine Zwiebel, geviertelt

- 1 Knoblauchzehe (darf auch mehr sein)
- 1 Tasse Wasser
- 1 TL Salz
- 100 g Tofu
- ½ Tasse Bierhefe-Flocken
- ein Schluck halbtrockener Weißwein

Zubereitung

- ➤ Koche die Kartoffel, die Karotte, den Knoblauch und die Zwiebel im Wasser bis alles sehr weich ist.
- ➤ Im Küchenmixer mit dem Tofu, der Hefe und Salz und dem "Schluck" Weißwein sehr fein pürieren.
- ➤ Nun sollte die Konsistenz ziemlich dick sein, wie eine Käse Soße.
- ➤ Falls die Käsesauce noch zu dickflüssig ist, kann etwas Wasser oder Weißwein dazu gegeben werden.
- ➤ Bei Bedarf nachwürzen!

Mi-Ma-Mayo

Zutaten

- 250 ml Sojamilch
- 200 ml Sojaöl
- 1 EL Zitronensaft oder Essig
- 1 TL Meersalz
- ¼ TL Birnendicksaft
- 1 kleine gekochte Kartoffel

Zubereitung

- ➤ Mixe die Sojamilch mit 100 ml des Öls im Mixer bei hoher Geschwindigkeit ca. 1 Minute.
- ➤ Gieß die restlichen 100 ml Öl langsam dazu während der Mixer läuft. Mixe die restlichen Zutaten ebenfalls unter.
- ➤ Die Kartoffel mit ihrer Stärke trägt wesentlich zur Andickung bei. Die vegane Mayonnaise etwa 2 Stunde abgedeckt in den Kühlschrank stellen.

Tipp: Man kann auch ein wenig frisch gepressten Knoblauch dazu geben. Das verfeinert den Geschmack.

Sauce Béchamel

Zutaten

- ▪ 50g Mehl
- ▪ 50g Margarine
- ▪ 500 ml Pflanzliche Milch
- ▪ 1 Pr. Geriebene Muskatnuss
- ▪ 3 EL Hefeflocken
- ▪ Salz und weißer Pfeffer

Zubereitung

- ➤ Schmelze die Margarine in einem Topf und gib Mehl unter Rühren hinzu.
- ➤ Andünsten bis ein leicht nussiger Geruch wahrzunehmen ist. Vorsicht: Die Mehl-Margarine-Mischung sollte noch cremefarben und keinesfalls schon bräunlich sein.

- Lösche dann mit der pflanzlichen Milch ab, koche es unter kräftigem Rühren auf und lass es 15 Minuten leicht köcheln.
- Zum Ende der Garzeit in die Hefeflocken, den Muskat sowie Salz und Pfeffer hinzugeben.
- Wer mag verfeinert noch mit einem Schuss Sojasahne.

Aioli Dip

Zutaten

- 1 Glas pflanzliche Mayonnaise (Soyanaise)
- ½ Becher vegane Soja Creme
- 3 Knoblauchzehen
- Meersalz
- Pfeffer
- Petersilie
- Thymian

Dazu: Weißbrot

Zubereitung:

- Vermenge die pflanzliche Mayonaise mit dem Schmand in einer Schale.
- Presse den Knoblauch und gib ihn dazu.
- Hacke die Blattpetersilie, den frischen Basilikum und den frischen Tymian sehr fein klein (wer eine Küchenmaschine hat macht es damit).
- Gib alle frischen Gewürze dazu. Nun mit Meersalz, Pfeffer aus der Mühle und etwas Zitrone

abschmecken. 1 Std. Kaltstellen, sodass alles gut durchzieht.
➢ Schmeckt super lecker mit Weißbrot.

Die geeignete Beilage für jeden Anlass

- Quinoa
- Weizen
- Reis
- Kartoffeln
- Nudeln
- Couscous
- Hirse
- Bulgur
- Polenta
- Dinkel
- Buchweizen
- Amaranth
- Tofu, den man in verschiedensten Varianten zubereiten kann

6. Für den Kleinen Hunger

Sweet sweet Crêpes

Zutaten

- 250g Mehl (halb Dinkel- halb Kichererbsenmehl)
- 250 ml Sojamilch

- 250 ml Wasser
- 2 EL Öl
- 1 Prise Salz
- 1 Prise Zucker

Zubereitung

- ➤ Verrühre alle Zutaten zu einem klümpchenfreien Teig und lasse ihn abgedeckt mindestens eine Stunde ruhen.
- ➤ Der Teig soll dünnflüssig sein, das heißt füge ggf. noch Sojamilch hinzu.
- ➤ Dann den Teig in einer mit wenig Öl ausgepinselten Pfanne oder einem Crêpes Maker ausbacken.
- ➤ Nach Belieben salzig oder süß servieren.

Fantasia-Galettes

Zutaten

- 250 g Buchweizenmehl (eventuell auch mit Weizenmehl mischen)
- Salz
- 2 gestrichene EL Sojamehl
- 4 EL Wasser
- 50cl kaltes Wasser
- 40g geschmolzene vegane Margarine
- Gemüsevariation, nach belieben

Zubereitung

- Verrühre Mehl, Salz, Sojamehl, Wasser und Margarine gut. Den Teig ca. 2Std. abgedeckt ruhen lassen.
- Die Galettes, wie im Crêpes Rezept schon beschrieben, dünn ausbacken.
- Den klassisch bretonisch-veganen Galette kredenzen wir mit Tofu, gesalzener Margarine und Hefeschmelz (siehe Pizzarezept).
- Man kann den salzigen Galette aber auch mit Pilzen und anderem Gemüse kreieren. Fantasie ist gefragt.

French Toast à la Spinat-Tofu

Zutaten (Für 2 Toasts)

- 4 Scheiben Vollkorn Toast
- Tiefkühlspinat
- Etwas vegane Margarine
- Pinienkerne oder gehackte Mandeln
- Veganer Käse oder Hefeschmelz

- Salz und Pfeffer

Zubereitung

➢ Tiefkühlspinat auftauen. Bestreiche Toastscheiben mit Margarine und belege sie mit Spinat, veganem Käse und Pinienkerne oder Mandeln
➢ Würze die Toasts nach Belieben.
➢ Die 2. Toastscheibe obendrauf legen und mit veganem Käse bzw. Hefeschmelz bestreichen.
➢ Im Ofen goldbraun backen.

Omas beliebten Puderzucker Waffeln

Zutaten

- 500g Mehl
- 100g Zucker
- 2 EL Backpulver
- 1 TL Salz
- 3EL Öl
- 400 ml Sojamilch (eventuell mit Vanillegeschmack)
- 200 ml Mineralwasser
- Öl oder vegane Margarine fürs Waffeleisen
- Puderzucker

Tipp: Schmeckt besonders gut mit veganer Schlagsahne, heißen Himbeeren oder frischen Erdbeeren

Zubereitung

- ➢ Vermische die trockenen Zutaten in einer Schüssel.
- ➢ Gebe danach Öl, Sojamilch und Mineralwasser dazu und verrühre alles zu einem glatten Teig.
- ➢ Nun Portionsweise den Teig auf das gefettete erhitzte Waffeleisen geben.

Tipp: Lecker schmeckt es auch wenn man eine zerdrückte Banane hinzu gibt oder man 50:50 Vollkorn und normales Mehl nimmt.

Weiterer Tipp: Man kann auch salzige Waffeln machen, indem man Hefeschmelz zum Teig dazugibt. Dazu passt perfekt eine leichte Gemüsesuppe (Siehe Seite 91).

Fantasie Luxusbaguette

Zutaten

- 1 Stange Baguette
- 2 Tomate, halbieren und in Scheiben schneiden
- 6 saure Gurken, in Scheiben schneiden
- 5 Streifen Tofu (Bärlauch- oder Nusstofu)
- Oliven, ohne Kerne, halbiert
- 1,5 Karotten, gerieben
- ½ Paprika, in Streifen geschnitten
- Gurke, in Scheiben geschnitten

- Margarine
- Sauce mit Sojajoghurt und Kräutern

Zubereitung

> Halbiere das Baguette und schneide es in der Mitte auf, aber nicht ganz.
> Bestreiche es mit Margarine oder auch gerne mit einem der Aufstriche, die Du in diesem Buch findest.
> Verteile die anderen Zutaten auf dem Brot.
> Verteile die Sauce über dem Inhalt des Baguettes.
> Peppe das Sandwich nach Belieben auf.

Gemüsesticks mit Teriyaki Dipp

Zutaten

- 8 EL Teriyaki-Marinade
- ½ TL geriebener Ingwer
- ¼ TL rote Chilipaste (oder Sambal Oelek)
- 1 EL Koriander- oder Basilikumblätter
- 1 kleine Chicoreestaude
- 1 dicke Zucchini
- 1 dicke Möhre
- 4 Stangen Staudensellerie

Zubereitung

1. Der Dipp
> Für den Dipp die Teriyaki-Marinade mit Ingwer und Chilipaste verrühren.

- ➤ Die Kräuterblättchen waschen, trocken tupfen, fein hacken und unter den Dip mischen.
- ➤ In ein hohes Schälchen füllen.

2. Gemüsesticks
- ➤ Das Gemüse waschen, schälen oder putzen.
- ➤ Alles trocken tupfen. Chicoree in einzelne Blätter teilen. Zucchini, Möhre und Staudensellerie in lange Streifen schneiden.
- ➤ Gemüseblätter und -sticks in Bechergläsern anrichten und mit dem Teriyaki-Dip servieren.

Feine Gemüsesuppe

Zutaten

- ▪ 1,5l Wasser
- ▪ ca. 2 Gemüsebrühwürfel
- ▪ 1 große Zwiebel
- ▪ 1 Bd. Suppengrün (meist Sellerie, Lauch, Karotten und Petersilie)
- ▪ 8 kleine Kartoffeln, in feine Scheiben geschnitten
- ▪ Bohnen (am besten frische)
- ▪ Salz, Pfeffer
- ▪ Ein bisschen vegane Margarine

Zubereitung

- ➤ Würfel die Zwiebeln klein und dünste sie mit ein bisschen Margarine in einem Topf an.

- ➤ Brate die Karottenstücke mit an.
- ➤ Lösche das Ganze mit Wasser ab und bringe das Wasser zum Kochen.
- ➤ Füge die Brühwürfel hinzufügen und ebenso Sellerie, Lauch, Bohnen und Kartoffeln.
- ➤ Lass das Ganze so lange kochen bis das Gemüse durch ist. Dann abschmecken.

Tipp: Man kann die Suppe auch mit dem Pürierstab fein pürieren.

Exotische Möhren-Ingwer Suppe

Zutaten

- 30g Ingwer, frisch
- 200g Möhren
- 1 Prise Zucker
- 300 ml Gemüsebrühe
- 75 ml Kokosmilch
- Salz, Pfeffer

Zubereitung

- ➢ Schäle den Ingwer und würfle ihn fein. Auch die Möhren schälen und in feine Scheiben schneiden.
- ➢ Möhren und Ingwer in Margarine anschwitzen und Zucker dazugeben, sodass das ganze leicht karamellisiert.
- ➢ Das Ganze mit Brühe und Kokosmilch ablöschen und aufkochen lassen. Ca. 20 Minuten köcheln lassen.
- ➢ Dann das Ganze mit dem Pürierstab fein pürieren. Mit Salz und Pfeffer abschmecken.

Tipp: Für die Schärfeliebenden unter euch. Noch pikanter wird es wenn ihr eine Chili fein schneidet, und zu Beginn mit dem Ingwer und den Möhren andünstet.

Rote Bete Suppe

Zutaten

- 1 Glas Rote Bete
- 2 EL vegane Sahne oder Sojamilch
- 2 EL Petersilie, frisch
- Salz, Pfeffer
- Gemüsebrühe
- 4 mittelgroße Kartoffeln

Zubereitung

- ➢ Die Kartoffeln waschen, schälen und abkochen
- ➢ Die rote Bete im eigenen Saft aufkochen mit Salz, Pfeffer und Gemüsebrühe abschmecken und fein pürieren.
- ➢ Die Kartoffeln klein schnippeln und dazu geben
- ➢ Eventuell mit etwas Zucker abrunden.

> In den Suppenteller geben und mit Petersilie und Sahne dekorieren.

Spargelsuppe

Zutaten

- 125g Spargel (am besten gekocht am Vortag und das Spargelwasser aufgehoben)
- 2 große Kartoffeln, am besten gekocht
- 1 Schuss Öl
- 80 ml Wasser
- 50 ml Sojamilch (oder Hafer- oder Mandelmilch)
- 1,5 EL Speisestärke
- Gemüsebrühe

- Salz, Pfeffer
- Muskatnuss
- Zitronensaft

Tipp: Mit etwas Kokosmilch und ein bisschen Ingwer lässt sich die Suppe lecker exotisch verfeinern.

Zubereitung

- ➤ Schneide den Spargel in mundgerechte Stücke, ebenso die Kartoffel (falls noch nicht gekocht, am besten vorher kochen). Erhitze das Öl in einem Topf und brate die Kartoffel kurz an.
- ➤ Das Spargelwasser hinzufügen und bis auf einen Liter ergänzen.
- ➤ Das ganze zum Kochen bringen. Einen Teil des Spargels und etwas Brühpulver dazugeben und das ganze glatt pürieren.
- ➤ Die vegane Milch mit der Speisestärke verrühren und ebenfalls unter die Suppe geben. Ständig rühren, da die Suppe nun andickt.
- ➤ Nun den restlichen Spargel und die Kartoffelstücke dazugeben und nochmals aufkochen.
- ➤ Mit Salz, Pfeffer, Muskatnuss und Zitronensaft nach belieben abschmecken.

Spicy Butternutsoup

Zutaten

- 1 EL Rapsöl
- 1 rote Zwiebel
- 2,5 cm Stück Ingwer
- 2 TL rote oder gelbe Currypaste
- 1 feste Mango
- 2 TL Palmzucker (oder brauner Zucker)
- 1,5kg Butternut Kürbis
- 1 Dose Kokosmilch
- 1 EL Limettensaft, frisch

Zubereitung

- ➢ Schäle, halbiere und entkerne den Kürbis und schneide ihn in kleine Stücke.
- ➢ Schäle und halbiere die Zwiebel und schneide diese ebenso in Scheiben.
- ➢ Ingwer ebenfalls schälen und in dünne Scheiben schneiden. Rapsöl in einem großen Topf erhitzen und die Zwiebel, Ingwer und Currypaste geringer Hitze etwa 5 min weich dünsten.
- ➢ Schäle in der Zeit die Mango, löse sie vom Stein und schneide sie in Stücke. Gebe die Mango in den Topf und brate sie ein paar Minuten an.
- ➢ Nun den Zucker hinzugeben und das ganze 5 min karamellisieren. Rühre die Kürbisstücke unter das Mango-Zwiebel-Gemisch und lass es bei starker Hitze ein wenig anbraten.

- ➢ Gib Wasser in den Topf bis alles leicht bedeckt ist und lass das ganze etwa 30 min bei schwacher Hitze köcheln.
- ➢ Wenn der Kürbis weich ist, püriere alles mit dem Stabmixer.
- ➢ Gib die Kokosnussmilch und den Limettensaft hinzu und verrühre alles gut.
- ➢ Ggf. nachwürzen oder mehr Wasser zugeben bis die gewünschte Konsistenz erreicht ist.

Gefüllte Zucchinibötchen

Zutaten

- ▪ 2 Zucchini (es können auch Auberginen genommen werden)
- ▪ Hefeschmelz (siehe Pizzarezept für Zubereitung)
- ▪ Weizen oder Hirse
- ▪ Sojajoghurtsauce mit Zucchininuance
- ▪ Salz, Pfeffer
- ▪ Rosmarin

Zubereitung

- ➢ Bereite den Weizen oder die Hirse nach Packungsanleitung zu.
- ➢ Wasche und halbiere die Zucchini.
- ➢ Schabe sie mit einem Esslöffel ein wenig aus, sodass eine kleine Kuhle entsteht.
- ➢ Den Hefeschmelz machen und darüber streuen.
- ➢ Mit Öl und Rosmarin beträufeln.

- ➢ In den Backofen bis golden braun und die Zucchini weich (ca. 20Minuten).
- ➢ Erwärme in der Zwischenzeit in einem kleinen Topf den Sojajoghurt und gib die Reste der Zucchini dazu.
- ➢ Würzen und köcheln lassen.
- ➢ Mit einem Zauberstab pürieren. Nun alles auf einem Teller anrichten.

7. Süße Versuchungen

Sommerliche Erdbeermarmelade

Zutaten

- 1kg frische Erdbeeren
- 1 Handvoll Waldmeister (Blättchen, frisch oder eingefroren)
- ¼ l Waldmeistersaft
- 2 Pck. Vanillezucker
- 1 Pck. (500g) Gelierzucker 3:1 (von Südzucker)
- Saft einer Zitrone

Tipp: Waldmeister kann auch durch Apfel oder ähnliches Ersetzt werden

Zubereitung

- ➢ Wasche, entstiele und viertel die Erdbeeren.
- ➢ Gebe die Erdbeeren in einen Topf, indem die Marmelade gekocht werden soll.

- ➤ Vermische das anschließend mit dem Gelierzucker 3:1 und lass es eine Stunde ziehen.
- ➤ Zerkleinere dann die Erdbeeren mit einem Pürierstab, gebe Vanillezucker und Saft der Zitrone dazu.
- ➤ Mische die Waldmeisterblättchen ganz oder zerkleinert dazu und koche es für ca. 4 Minuten.
- ➤ Schöpfe den Schaum ab.
- ➤ Fülle nun die Marmeladenmasse in saubere heiße Twist-off Gläser und verschließe diese.
- ➤ Lass die Gläser kurz (5 Minuten) auf dem Kopf stehen, dann drehe sie dann rum und lass sie erkalten.

Möhre-Kokos Cupcakes

Zutaten für 12 Muffins

- 150g geriebene Möhren
- 150g Kokosraspeln
- 80g Zucker
- 150g Mehl
- 100g Öl
- 250 ml Sojamilch
- 6 EL Sprudel
- 1,5 TL Natron
- Zimt, Nelken und Vanille
- 1Pr. Salz

Zubereitung

- ➤ Reibe die Möhren fein und beträufle sie mit Zitrone.

- ➢ Gib Mehl, Zucker, Kokosraspeln und Natron hinzu. Rühre Sprudel, Sojamilch und Öl unter Rühren unter und vermenge bis sich ein glatter Teig ergibt.
- ➢ Je nach Geschmack Zimt Nelken und Vanille in den Teig geben. Zuletzt den Essig untermischen.
- ➢ Teig in die Muffinförmchen füllen und in den auf 160° vorgeheizten Ofen ca. 25 Minuten backen.
- ➢ Lass sie anschließen auf einem Kuchenrost abkühlen.

Für die Glasur

- ▪ 1,5 TL Zitronensaft
- ▪ 1 TL Multivitaminsaft
- ▪ 7 EL Puderzucker
- ▪ rote und gelbe Lebensmittelfarbe
- ▪ Zitronenschale

Zubereitung

- ➢ Mische Puderzucker und Zitronensaft einem Schälchen kräftig mit dem Schneebesen.
- ➢ Achtung keine Klumpen!
- ➢ Gib nur so viel Multivitaminsaft hinzu, dass es eine dickflüssige Konsistenz ergibt.
- ➢ Bei Bedarf mit Lebensmittelfarbe einfärben.
- ➢ Guss auf die Muffins geben und mit Zitronenschale verzieren.

Spicy Schwarzwälder Kirsch Muffins

Zutaten

- 220g Mehl
- 20g Stärke
- 100g Zucker
- 1 Pck. Vanillezucker
- 2 TL Natron
- 2 EL Kakao
- 100 ml Öl, geschmacksneutral
- 200 ml Mineralwasser, sprudelnd
- ½ Glas Schattenmorellen, abgetropft
- gemahlenes Chilipulver
- 200g vegane Schokoladenglasur

Zubereitung

- ➤ Mische Mehl, Stärke, Zucker, Natron und Kakao. Rühre Öl und Mineralwasser langsam ein. Der Teig sollte eine lockere Konsistenz haben
- ➤ Verteile die Hälfte des Teiges auf 12 Förmchen, gib jeweils 3-4 Kirschen darauf und bestäube mit etwas Chilipulver.
- ➤ Gib den verbleibenden Teig über die Kirschen und bei 170° Umluft 25-30 Minuten backen oder bis die Stäbchenprobe erfolgreich ist.
- ➤ Lass die Muffins auf einem Kuchengitter auskühlen.
- ➤ Die Glasur im Wasserbad erwärmen und auf die Muffins streichen.
- ➤ Dekoriere die Muffins mit kunterbuntem veganen Allerlei.

Müslimuffins

Zutaten

- 180g Mehl
- 160g geröstetes Müsli
- 1 TL Zimt, gemahlen
- 30g Kleie
- 120g Datteln, grob geschnitten, kernlos
- 1 Becher Sojajoghurt
- 250 ml Sojamilch
- 110g brauner Zucker
- 50 ml pflanzliches Öl
- ½ Banane, zerdrückt

Zubereitung

- ➢ Vermische die Zutaten in einer großen Schüssel und rühre bis sie gut vermischt sind.
- ➢ Decke die Schüssel ab und stelle sie über Nacht in den Kühlschrank
- ➢ Heize den Ofen auf ca. 160 Grad vor und lege die Muffinform mit Förmchen aus
- ➢ Verteile den Teig auf die Förmchen und stelle sie in den Ofen
- ➢ Backe die Muffins für ca. 20 Minuten oder bis sie goldbraun sind. Lass sie kurz abkühlen bevor du sie auf einen Kuchenrost legst.

Schokocreme

Zutaten

- 200g Schlagsahne (zum Bsp. von Natumi)
- 100g Zartbitterschokolade
- 3 EL Feinzucker
- 1 Prise Salz
- 1 Pck. Sahnesteif
- 3 EL vegane Schokoladenstreusel

Zubereitung

➢ Hacke die Zartbitterschokolade fein und schmelze sie im Wasserbad.
➢ Schlage die Sahne mit der Prise Salz, dem Zucker

- ➢ und Sahnesteif auf.
- ➢ Gib vorsichtig die warme Schokolade dazu und schlage weiter.
- ➢ Die Schokostreusel gut unterrühren.

TIPP: Noch cremiger wird die Mousse, wenn man sie für etwa eine halbe Stunde kühl stellt und dann noch mal aufschlägt.
TIPP: Bei Farbe und Geschmack der Schokocreme kommt es sehr auf die vegane Sahne an. Bei dunkler sehr süßer Creme kann man gut die Hafercuisine von Natumi verwenden, wer lieber eine herbere Creme hat kann die Cresoy von Natumi verwenden.

Crème Brulée au chocolat

Zutaten

- ▪ 150 ml Hafersahne (zum Beispiel von Oatly)
- ▪ 50 ml Soja-Reis-Drink
- ▪ 1 EL gemahlene Mandeln oder Cashewnüsse
- ▪ 1 EL Stärke
- ▪ 20g Rohrohrzucker
- ▪ 25g vegane Zartbitterschokolade
- ▪ Mark einer halben Vanilleschote
- ▪ ¼ TL Agar Agar
- ▪ 1 Prise Salz
- ▪ 3 EL Vanillezucker

Zubereitung

- ➢ Koche 175ml Hafersahne mit 50ml Soja-Reis-Drink auf. Verrühre 25ml Hafersahne mit Mandeln, Stärke,

Zucker, Vanille, Agar Agar und Salz bis die Mischung keine Klümpchen mehr hat.
- Gib die Vanille-Mischung zur kochenden Sahne und rühre bis es etwas eindickt (1-2 Minuten köcheln lassen).
- Stelle den Topf zur Seite und lass es leicht abkühlen.
- Hacke die Schokolade und ziehe sie unter die Creme.
- Verteile die Creme auf 5 Schälchen und lass sie über Nacht auskühlen.
- Am Tag darauf die Schälchen jeweils mit 1EL Zucker bestreuen und mit dem Gasbrenner karamellisieren.
- Wer keinen Brenner hat kann die (Ofenfesten) Schälchen mit Zucker bestreuen und bei 220° Oberhitze ca. 10 Minuten backen.
- Die Creme kocht dabei etwas daher wenn sie gut befüllt sind evtl. etwas unterlegen.

Juicy chocolate cake

Zutaten

- 200g Weizenmehl
- 200g Vollkornmehl
- 200g Zucker
- 2 TL Backpulver
- 100g Kakaopulver
- 200ml Wasser
- 150ml Orangensaft
- 250ml Pflanzenöl
- 100g vegane Blockschokolade

Tipp: Der Kuchen lässt sich prima mit jeglicher Art von Obst aufpeppen.

Zubereitung

- ➤ Mische alle trockenen Zutaten. Gib anschließend Öl, Wasser und Saft hinzu und vermische alles gut.
- ➤ Den Teig in eine gefettete Form geben. Bei 180° ca. 1Std. backen.
- ➤ Sobald der Kuchen abgekühlt ist kann man die Schokolade in einem Wasserbad schmelzen und über dem Kuchen verteilen.

Tipp: Schmeckt auch einfach gut, wenn man ihn mit Puderzucker bestreut.

Macadamia Schoko Kekse

Für ca. 30 Cookies:

- 250g Dinkelmehl Type 630 (405er geht genauso)
- 140g Rohrohrzucker
- 50g feine Haferflocken
- 2 EL Kakao
- 1 TL Backpulver
- 1 Prise Salz
- 1 Päckchen Vanillezucker
- 50g Crunchy Dinkel-Schokomüsli (oder noch mal 50g Haferflocken)
- 180g Margarine, Zimmertemperatur

- 50ml Soja-Reis-Drink oder Haferdrink (von Kölln)
- 80g Macadamia Nüsse, grob gehackt
- 100g Blockschokolade oder Zartbitterschokolade

Zubereitung

- ➤ Mische Mehl, Zucker, Haferflocken, Müsli, Kakao, Backpulver, Macadamia, Vanillezucker und Salz.
- ➤ Mit dem Pflanzendrink und der Margarine zu einem Teig verarbeiten.
- ➤ Hacke die Schokolade und gib sie unter den Teig.
- ➤ Für die Kekse in kleine Kugeln auf dem Backblech flach drücken.
- ➤ Bei 180 Ober-/Unterhitze 12-15 Minuten backen.

Mamis Milchreis

Zutaten

- 200g Milchreis
- 800 ml Haferdrink oder Sojamilch
- 1 Pr. Salz
- 1Pr. Zimt
- etwas Zucker

Zubereitung

- ➤ Bringe den Milchreis und Haferdrink zum Kochen und köchel es solange bis der Milchreis gar ist.
- ➤ Sobald gewünschte Konsistenz erreicht ist Zucker und Zimt hinzufügen.

Tipp: Um den Milchreis geschmeidiger zu machen 1 Becher vegane Sahne schlagen und unterheben. Apfelmus oder andere Früchte schmecken Prima dazu.

Rote Grütze

Zutaten

- 300 ml Rotwein
- 150g Zucker
- 130 ml Wasser
- 50g Maisstärke
- 500g rote Beeren, TK oder frisch

Zubereitung

- ➢ Bringe den Rotwein und den Zucker zum Kochen.
- ➢ Rühre Stärke mit dem Wasser glatt und rühre dann in den kochenden Rotwein ein.
- ➢ Die Beeren zugeben und einmal aufkochen lassen. Mindestens 3-4 Stunden kaltstellen.
- ➢ Hält im Kühlschrank ca. 1 Woche.

Speedy Schokokuchen

Zutaten

- 200g Vollkornmehl (oder Dinkelmehl)
- 200g Weizenmehl

- 8 TL Backpulver
- 50g Kakao
- 110g Zucker
- 250g Pflanzenöl
- 250 ml Wasser
- 1 Pk. Vanillezucker

Tipp: Statt Wasser kann man auch gut Saft verwendet werden. Besonders lecker und saftig mit einem Glas Kirschen

Zubereitung

- ➢ Mische das Mehl und das Backpulver in einer Schüssel.
- ➢ Füge Zucker und Kakao, Vanillezucker, Öl und Wasser hinzu.
- ➢ Schau, dass es keine Klumpen gibt.
- ➢ Gebe den Teig in eine 23cm große eingefettete Springform und backe das ganze bei 180° für 40 Minuten.
- ➢ Dann aus dem Ofen nehmen und auf einem Kuchenrost abkühlen lassen.
- ➢ Schmeckt lecker mit Puderzucker bestreut oder wer will kann 100g Zartbitterschokolade in einem Wasserbad schmelzen und über dem Kuchen verteilen.

Tipp: Kann als Basis für Schwarzwälder Kirschtorte, Muffins, Marmorkuchen oder mit etwas Mokka als Mokkakuchen verwendet werden

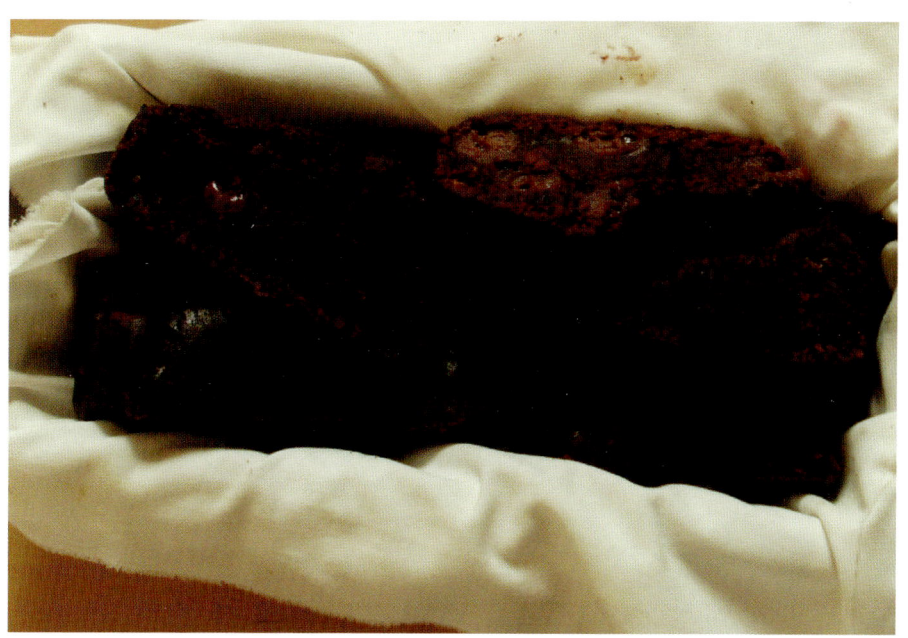

Karottenkuchen

Zutaten:

- 300g Karotten
- 200 ml Pflanzenöl
- 100 ml Apfelsaft, oder anderer Saft
- 150g Rohrzucker
- 1Pk. Backpulver
- 1 TL Zimt
- 200g Vollkornmehl
- 200g Weizenmehl
- 1 Zitrone, Saft
- 1 Prise Salz

- 100g Haselnüsse, gemahlen
- Puderzucker

Zubereitung:

- ➢ Den Backofen auf 180° vorheizen. Lege eine 26cm Springform mit Backpapier aus.
- ➢ Karotten fein raspeln
- ➢ Öl und Zucker schaumig rühren
- ➢ Dann die restlichen Zutaten hinzufügen
- ➢ Die geraspelten Karotten unterheben
- ➢ In die Springform füllen und auf mittlerer Schiene ca. 1 Stunde backen lassen
- ➢ Mit Puderzucker Wasser/Zitronen Glasur bestreichen

Tipp: Schmeckt gut, wenn man ihn 1 bis 2 Tage durchziehen lässt

Zimtschnecken

Zutaten für ca. 20 Stk.:

- 100g vegane Margarine
- ½ Liter Sojamilch
- 50g Hefe, frisch (oder 2 Päckchen Trockenhefe)
- ½ TL Salz
- 1TL Kardamom, gestoßen
- 800g Mehl
- 100g vegane Margarine, zimmerwarm
- 2EL gemahlener Zimt
- gemahlene Walnüsse
- Hagelzucker zum Bestreuen

Zubereitung

- ➤ Zerlasse die Margarine in einem Topf und gib die Sojamilch hinzu. Erwärme es auf ca. 37° Celsius.
- ➤ Krümel die Hefe in eine große Backschüssel, gib etwas von der warmen Sojamilchmischung hinzu und löse die Hefe darin auf.
- ➤ Gib die restliche Milch, Salz, Zucker, den Kardamom und ca. 2/3 des Mehls hinzu und verarbeite alles zu einem glatten und geschmeidigen Teig.
- ➤ Füge mehr Mehl hinzu. Der Teig ist fertig, wenn er sich leicht vom Schüsselrand löst.
- ➤ Etwas Mehl über den Teig streuen, mit einem Tuch abdecken und an einem warmen Plätzchen ca. 30

Minuten gehen lassen (bis er etwa die doppelte Größe erreicht hat).

➢ Knete den Teig anschließend noch mal einige Minuten durch, knete ggf. noch etwas Mehl unter, bis er sich leicht von der Arbeitsfläche und den Händen lösen lässt.

➢ Rolle den Teig aus, verstreiche vorsichtig die auf Zimmerwärme gebrachte Margarine darauf und bestreue den Teig mit der Zimtzuckermischung.

➢ Längs zusammenrollen.

➢ Dann 1 bis 2 cm breite Scheiben abschneiden, auf ein mit Backpapier ausgelegtes Backblech legen und nochmals etwa 30 Minuten gehen lassen.

➢ Den Backofen auf 250°C Ober-/Unterhitze aufheizen. Bepinsele die Schnecken mit der Sojamilch oder dem Öl und bestreue sie mit Hagelzucker.

➢ Dann das Gebäck 5 bis 10 Minuten auf der mittleren Schiene backen.

➢ Anschließend unter einem Tuch auskühlen lassen.

Hinweis: Die Schnecken lassen sich toll einfrieren - aufgebacken schmecken sie wie frisch aus dem Ofen. Dazu müssen sie aber sofort nach dem Auskühlen in den Gefrierschrank! Schmecken zum Frühstück oder zum Nachmittagskaffee

Tipp: Die Zimtschnecken kann man auch mit veganer Zartbitterschokolade füllen.

Blätterteig-Schoko-Schnecken

Zutaten (für ca. 20 Schnecken):

- 1Blätterteig
- vegane Zartbitterschokolade
- Reismilch

Zubereitung:

- Ofen auf 180° vorheizen
- Blätterteig auslegen
- Schokolade schmelzen und etwas Reismilch dazu bis es eine geschmeidige Masse ist
- Die Schokolade auf den Blätterteig streichen
- Den Blätterteig von 2 Seiten nach innen rollen
- Dann ca. 1h in den Kühlaschrank
- Nun in etwas 1 cm dicke Scheiben schneiden und auf das mit Backpapier ausgelegte Blech legen
- Für 15 Minuten im Ofen goldbraun backen

Tipp: Die Schnecken kann man auch mit Olivenpaste, Marmelade oder ähnlichem füllen

Tarte au pommes

Zutaten

- 4-6 Äpfel (je nach Größe)
- 1 veganer Blätterteig

- 100g Margarine
- 100g Zucker
- 15g Maisstärke
- 30 ml Mandelmilch

Zubereitung

- ➢ Heize den Ofen auf 210° vor. Lege den Blätterteig auf eine Tarteform und stelle sie in den Kühlschrank.
- ➢ Schäle dann die Äpfel, vierteln sie und schneide sie in Scheiben.
- ➢ Zerlasse die Margarine und nehme sie von der Hitze. Den Zucker untermischen und schmelzen lassen.
- ➢ Lege die Äpfel auf die Tarte und verdünne die Maisstärke in der Mandelmilch.
- ➢ Füge das Gemisch zu dem Margarine-Zuckergemisch. Umrühren und über die Tarte sprenkeln.
- ➢ 25 Minuten im Ofen backen.

8. Snacken muss auch sein

Müsliriegel

Für ca. 12 Müsliriegel

- 230g Haferflocken, kernig
- 130g Haferflocken oder Haferflakes
- 100g Haselnüsse, halbiert
- 50g Sonnenblumenkerne
- 30g Kokosraspel
- 20g Sesam

- 50g Margarine
- 100g Zucker
- 100g Agaven Dicksaft
- 1 TL Zitronensaft

Zubereitung

- ➢ Mische die trockenen Zutaten (außer den Zucker) miteinander.
- ➢ Gib Butter, Zucker, Agavendicksaft und Zitronensaft in einen Topf und bringe es unter Rühren zum Kochen.
- ➢ Ca. 4 Minuten kochen lassen bis die Masse zu karamellisieren beginnt.
- ➢ Rühre die trockenen Zutaten unter. Solange rühren bis sich eine dunklere Färbung ergibt.
- ➢ Verteile die warme Masse auf einem Bachblech und rolle einer Platte aus (30 mal 30cm).
- ➢ Nach etwa 15 Minuten in Riegel schneiden und auskühlen lassen.
- ➢ Trocken aufbewahren (am Besten in einer Box).

Basic Cookies

Zutaten (für 10 Kekse)

- 120g vegane Margarine
- 150g Mehl
- 50g Zucker, weiß
- 30g Zucker, braun
- 1 Pk. Vanillezucker
- 1 Prise Kardamom

- 1 Messerspitze Backpulver
- 80g gemahlene Nüsse
- 2 EL Apfelmus

Zubereitung

- ➤ Verrühre Zucker, Margarine mit Vanillezucker und Apfelmus. Mische Mehl, Backpulver und Nüsse unter.
- ➤ Teighäufchen auf ein Bleck setzen und bei 180° ca. 20 Minuten oder bis Gold braun backen.

Juicy chocolate cookies

Zutaten (für 15 Kekse)

- 180 ml Rapsöl
- 100g Zucker
- 2 TL Vanillezucker
- 120 ml Sojamilch
- 400g Mehl
- 1TL Backpulver
- 1 Prise Salz
- 3 EL Kakaopulver
- 20g Leinsamen, geschrotet
- Haselnüsse, gehackt
- 50g Karotte, geraspelt
- Zartbitterschokodrops

Zubereitung

- ➢ Heize den Backofen auf 180° vor. Mische Sojamilch und Leinsamen.
- ➢ Ebenso Mehl, Backpulver, Salz und Kakao mischen. Verrühre Öl und Zucker, gib Sojamilch-Leinsamen-Gemisch und Vanillezucker dazu.
- ➢ Nach und nach Mehlgemisch unterrühren.
- ➢ Falls es zu trocken wird müsst ihr mit den Fingern weiterkneten.
- ➢ Haselnüsse und Schokotropfen hinzugeben und weiterkneten. Forme den Teig zu einer Rolle und schneide 2,5cm dicke Scheiben ab.

> Dann auf einem Backblech verteilen und ab in den Ofen. 10 Minuten backen lassen und dann 5 Minuten auf einem Kuchenrost auskühlen lassen.

Schokifrüchte

Zutaten

- Früchte
- Schokolade

Zubereitung

> Einfach vegane Zartbitterschokolade schmelzen (am besten in einem Schokofondue oder –brunnen) und dann die Früchte nach Wahl abwaschen und eventuell schälen und in mundgerechte Stücke schneiden.
> Dann auf eine Gabel oder einen Schaschlikspieß pieksen und durch die Schokolade ziehen.
> Herausholen und fertig.
> Kannst du direkt naschen oder auf einem Teller schön garnieren.

Fruchtig-fixer Traum

Zutaten:
- 2 Bananen
- 1 Sojajoghurt mit Pfirsich-Mango Geschmack

Zubereitung:

- ➢ Bananen halbieren und die Hälften auf den Tellern verteilen.
- ➢ Den Joghurt ebenfalls auf den Tellern verteilen.

9. Leckere Drinks

Spicy Chai Tee Latte

Zutaten

- 800 ml Wasser
- 3 Teebeutel Schwarztee
- Muskatnuss
- 4 Kardamomhülsen
- 2 TL Nelken, ganz
- ½ TL schwarzer Pfeffer
- 3 TL frischer Ingwer, fein geschnitten
- 3 TL Zucker
- 800 ml Soja-Hafermilch (von Rewe)

Zubereitung

- ➢ Vermenge Wasser, Teebeutel und Gewürze in einem Mittelgroßen Topf und koche es auf.
- ➢ Lass es 5 Minuten kochen und nimm es dann von der Hitze.
- ➢ Lass es mit geschlossenem Deckel für weitere 5 Minuten ziehen.
- ➢ Füge dann Zucker und vegane Milch hinzu und bringe das Gemisch zum köcheln.
- ➢ Nun vom Herd nehmen und den spicy Chai entweder durch eine Kaffeepresse oder ein Sieb

drücken, sodass die Gewürzreste von der Flüssigkeit getrennt werden.
- ➢ Danach noch mal in der Kaffeepresse oder einem Milchschäumer aufschäumen.
- ➢ Fülle den Chai in Tassen und bestreue ihn mit Zimt.

TIPP: Über Nacht ziehen lassen ohne die Teebeutel, dann schmeckt alles kräftiger!

Weihnachtspunsch

Zutaten

- 2 Beutel Weihnachts- oder Wintertee
- 1 Glas Apfelsaft
- eine Zimtstange

Zubereitung

- ➢ Den Tee kochen und mit der Zimtstange drin ziehen lassen
- ➢ Den Apfelsaft kurz in der Mikrowelle warm machen
- ➢ Tee und Apfelsaft mischen

Hot Chocolate

Zutaten

- 3 EL veganes Kakaopulver
- 2 TL Zucker

- 2 Tassen Hafermilch oder Sojamilch

Tipp: Sojamilch lässt sich sehr gut aufschäumen

Zubereitung

- ➤ Milch erwärmen
- ➤ Kakaopulver und Zucker unterrühren

Grüner Smoothie

Zutaten

- 200g frischer Babyblattspinat
- 1 Banane
- 300 ml Granatapfelsaft

Zubereitung

- ➤ Spinat waschen und zusammen mit den anderen Zutaten in einen Standmixer.
- ➤ Solange pürieren bis eine dünne Flüssigkeit entsteht.
- ➤ Ggf. noch Saft hinzufügen.

Erdbeer in Ice

Zutaten

- 1 Schälchen Erdbeere
- 2 Becher Sojajoghurt oder 500ml Sojamilch
- Crushed Ice
- Vanillezucker

Zubereitung

- ➤ Alle Zutaten im Standmixer verarbeiten.
- ➤ Mit Crushed Ice wird der Drink lecker frostig für heiße Sommertage.

127

Grüne Mango

Zutaten

- 1 reife Mango
- 2 Orange
- 150 ml kalter Minztee
- 1-2 TL brauner Zucker
- 1 Zweig frische Minze
- Eiswürfel

Zubereitung

- ➤ Entsteine die Mango und schneide sie klein
- ➤ Schneide und enthäute die Orangen und füge sie in den Mixer hinzu
- ➤ Pfefferminztee und Zucker hinzugeben und zu einer homogenen Masse mixen
- ➤ Fülle Eiswürfel und Getränk in Gläser und verziere mit dem Pfefferminzzweig
- ➤ Wer keinen Mixer hat kann die Orangen auch einfach pressen und hinzugeben und die Mango durch Mangosaft ersetzten.

Indischer Mango Lassi

Zutaten

- 250g Sojajoghurt
- 100 ml Mineralwasser
- 150g Mango

- 4TL Zucker
- 1TL Zitronensaft
- 1Pr. Kardamom
- Saft 1er Orange
- Minze oder Zitronenmelisse als Garnitur

Zubereitung

- ➢ Mangofruchtfleisch und Orangenfruchtfleich in Würfel schneiden und im Mixer pürieren
- ➢ Füge dann die restlichen Zutaten hinzu und püriere alles gut durch
- ➢ Bei Bedarf durch ein Haarsieb passieren
- ➢ Die Konsistenz muss dickflüssig sein
- ➢ Mit Minze oder Zitronenmelisse garnieren

Iced wild Berry

Zutaten

- 200g Waldbeeren TK
- Eiswürfel oder Crushed Ice
- 1 EL Zucker
- Mineralwasser

Zubereitung

- ➤ Gib alle Zutaten in einen Standmixer und mixe alles gut durch
- ➤ Konsistenz sollte nicht zu flüssig sein

Ki-Ba-Mi

Zutaten
- 1 Banane
- ½ Glas Kirschen
- 200 ml Vanillesojamilch

Tipp: Schmeckt auch gut mit Crushed Ice

Zubereitung

- ➢ Alle Zutaten im Standmixer zu einer glatten dickflüssigen Masse pürieren
- ➢ Für heiße Sommertage kann man auch Crushice hinzufügen

Vitaminkick

Zutaten

- 200 ml Granatapfelsaft
- 2 Orangen, gepresst
- 1 Banane
- 300g Himbeeren
- Mineralwasser

Zubereitung

- ➢ Alle Zutaten im Standmixer pürieren
- ➢ Abschmecken und fertig

Pikante Erdbeere

Zutaten

- ½ Chilischote, gehackt
- 200g Erdbeeren
- 200ml Haferdrink (zum Beispiel von Kölln)
- 1 Zweig Minze
- vegane Schokosträusel zum verzieren

Zubereitung

- ➤ Erdbeeren im Standmixer pürieren
- ➤ Gehackte Chilischote und Haferdrink hinzufügen und noch einmal gut mixen
- ➤ Fülle das Getränk in Gläser und verziere es mit der Minze und den Schokosträuseln

Hipp ist Hip

Zutaten

- 200ml Apfelsaft
- 3 Pfirsiche, entsteint und kleingeschnitten
- 2 Bananen
- Crushed Ice

Zubereitung

- ➤ Gib alle Zutaten in einen Standmixer und püriere alles gut durch
- ➤ Abschmecken und fertig

Hawaii on Ice

Zutaten

- 1 Banane
- ½ Ananas oder 200ml Ananassaft
- 100 ml Kokosmilch
- ½ Vanilleschote
- 1 Kiwi
- Crushed Ice
- Aronsirup

Zubereitung

- ➤ Gib die zerkleinerten Zutaten in eine Standmixer und mixe alles gut durch
- ➤ Mit Ahornsirup abschmecken

Schnellbräuner Drink

Zutaten

- 200 ml Apfelsaft
- 150 ml Karottensaft

- 1 Stk. Ingwer
- 1 Schuss Zitronensaft
- 150 ml Orangensaft
- 1 EL Zucker

Zubereitung

- ➢ Alle Zutaten in einem Standmixer pürieren und mit Zucker abschmecken
- ➢ Nach Belieben mit Crushed Ice servieren

Frozen Himbeer Shake

Zutaten

- 150g Himbeeren, TK
- 1 Pk. Vanillezucker
- 150g Sojajoghurt oder Mineralwasser
- Minzeblätter, zum verzieren

Zubereitung

- ➢ Alle Zutaten in den Standmixer und los geht's
- ➢ Nach Belieben abschmecken

Wir bedanken uns bei:

Bénédicte, ohne die das Rezepte einmal durchkochen nicht möglich gewesen wäre ☺

Bei Alexander Heitz auch bekannt unter Malandro Photodesign für das tolle Cover Shooting und das wunderschön gestaltete Titelbild

Bei Marens Freunden/innen (Josefa, Andi, Kaddi, Elke, Christina und und und), die sie tatkräftig immer unterstützt haben, kritisch und helfend zur Seite standen.

Ein weiterer großer Dank gilt unserem Verleger Ingo Hedrich, der das Buchprojekt überhaupt erst möglich gemacht hat.

Ein Dank auch an alle nicht namentlich erwähnten, die es möglich gemacht haben, dass unser Buch nun endlich erscheinen kann.

Weitere Bücher des Roh-Ark-Verlages

Siehe auch www.roh-ark-verlag.de für kostenlose Infos

Sven Rohark

„Die Rohkost-Revolution"

Das Standartwerk über Ernährung und
Gesundheit räumt mit den Lügen und
Halbwahrheiten der „Experten" auf, stellt
alle Rohkostrichtungen vor, erklärt die
Gefahren und Probleme der Rohkost und
enthält zu sensationelle Interviews. Es
inspiriert, das Thema Ernährung und
Gesundheit komplett neu
überdenken.

Etwa 440 Seiten

neu: 6. Auflage kommt im März 2013

Sven Rohark

„Die Rohkost-Revolution –
kompakt" Etwa 220 Seiten.

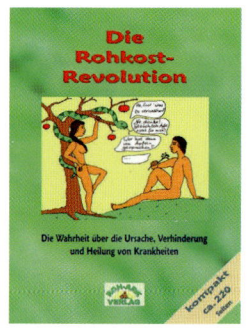

Dieses Buch ist die kompaktere Version,
mit stark gekürztem Text.
Es ist ideal geeignet, um als Geschenk für
Freunde und Bekannte zu dienen, die am
Thema „Gesundheit" interessiert sind.

Prof. Arnold Ehret

„Gesunde Menschen"

Prof. Arnold Ehret gehört zu den revolutionärsten Denkern und Gesundheitspraktikern der Menschheit.

In diesem Band 1 veröffentlichen wir alle seine deutschen Schriften. Später werden wir im Band 2 seine englischen Texte ins Deutsche übersetzen. Band 2 kommt im Frühjahr 2014

Etwa 240 Seiten.

Anonym

„Tante Edeltraud"

Einfache, aber wahre Gedanken
über Gesundheit und Ernährung,
für jedermann in verständliche Worte gefasst,
übermittelt uns Tante Edeltraud.

Sie mögen teilweise utopisch klingen, doch können uns für die Gegenwart inspirieren.

120 Seiten.

Dipl.-Physiker Walter Schaube

„Kerngesund ohne Umwege"

Wer alle Ernährungs-Experimente abgeschlossen hat, Hunger, Durst und Appetit auf verschiedene Nahrungsmittel, überwunden hat, und sich seit vielen Jahren in körperlicher Top-Form befindet, hat uns über die richtige
Ernährungsweise mit Sicherheit etwas Interessantes mitzuteilen.

152 Seiten.

Sven Rohark

„Survivaltips eines Leichtgepäck-Wanderexperten"

Zum Verreisen nimmt jeder viel zu viel Gepäck mit. Wie man mit wenigen Kilo im Rucksack auskommt, um sich das Leben „leicht" zu machen, erfährt man in diesem Buch.

Fotos und Videos zum Buch sind demnächst auf der Webseite des Verlages abrufbar.

136 Seiten.

Rüdiger Moczall

„Leben in Liebender Verantwortung"

Der Autor fordert einen Bewusstseinswandel, eine neue Weltsicht mit einer konkreten, nachvollziehbaren, für jeden verständlichen Vorstellung von der Allmacht, die uns den Weg zurück zu innerem wie auch äußerem Frieden und zu liebender Verantwortung weist, uns mit der Natur aussöhnt und Wissenschaft und Technik wieder in den Dienst der Menschlichkeit stellen wird.

174 Seiten

Cosmo Vega

„Wach auf und lebe bewusst"

Dieses originelle Buch gibt Ihnen wertvolle Tipps, wie Sie Ihr Leben und sich selbst besser begreifen, als auch Ihr Bewusstsein erweitern. Ein gelungener und lesenswerter Ratgeber & Inspirationsquelle zu einem ausgereiften, erwachten Inneren und bewusster äußerer Lebensgestaltung.

170 Seiten

Jens Rohark

„Englisch für Reisende"

Steige ein in eine Weltsprache!
Mit diesem kleinen Sprachführer im Taschenformat hast Du sofort alle überlebenswichtigen Wörter und kurzen Sätze parat. In der linken Spalte steht alles auf Deutsch, in der rechten Spalte findest Du die englische Übersetzung.
Der Inhalt ist übersichtlich nach Themen geordnet.
Die wichtigsten Grammatikthemen stehen durch typische Beispielsätze zur Anwendung bereit.   64 Seiten.

Jens Rohark

„Spanisch für Reisende"

Steige ein in eine Weltsprache!
Mit diesem kleinen Sprachführer im Taschenformat hast Du sofort alle überlebenswichtigen Wörter und
kurzen Sätze parat. In der linken Spalte steht alles auf Deutsch,
in der rechten Spalte findest Du die spanische Übersetzung.
Der Inhalt ist übersichtlich nach Themen geordnet.
Die wichtigsten Grammatikthemen stehen
durch typische Beispielsätze zur Anwendung
bereit.

70 Seiten.

Jens Rohark

„Auf den Spuren der Maya
Teil 1 – Das Zentrale Tiefland"

Mit Rucksack und Hängematte ausgerüstet erkunden ein Maya-
Reiseleiter, ein Survivel-Spezialist und ein Kalenderexperte
wochenlang entlegene Höhlen und Ruinenstädte des Maya-
Dschungels in Chiapas, Belize, Guatemala und Honduras, reisen
auf dem Monster-Fluss, lesen moosbedeckte Hieroglyphentexte,
trinken mit dem letzten Lacandonen-Schamanen den heiligen
Balché aus dem Bierkanu, zelebrieren das Feuerritual und die
Weihrauchzeremonie für den Schöpfergott. Dieser authentische
und lebendige Expeditionsbericht ist ein Muss für alle Maya-
Freunde.

Fotos und Videos zum Buch sind demnächst auf der Webseite des Verlages abrufbar.

274 Seiten

.

Jens Rohark

„Poopol Wuuj – Das Heilige Buch der Kʼicheeʼ-Maya von Guatemala"

Das Heilige Buch der Maya, auch die „Maya-Bibel" genannt, liegt erstmals in genauer Gegenüberstellung von Mayatext und deutschem Text, Satz für Satz, vor. Es erlaubt einen faszinierenden Einblick in das spirituelle Denken einer der Hochkulturen unserer Erde.

288 Seiten

Neu im Sommer 2013

Unser Verlagsprogramm - Stand Februar 2013
Roh – Ark – Verlag   Döbelner Straße 11   04749 Ostrau

Sven Rohark „Die Rohkost-Revolution"

Sven Rohark „Die Rohkost-Revolution - kompakt"

Sven Rohark „Survivaltips eines Leichtgepäck-Wandererexperten"

Prof. Arnold Ehret „Gesunde Menschen" 1

Dipl.-Physiker Walter Schaube „Kerngesund ohne Umwege"

Jean Huntziger „Die Bioklimatische Rohkost"

Anonym „Tante Edeltraud"

Rüdiger Moczall „Leben in Liebender Verantwortung"

Cosmo Vega „Wach auf und lebe bewusst"

Mario Krygier „Faszination Mayaland"

Mario Krygier und Jens Rohark „Faszination 2012 –
Das Buch zum Mayakalender"

Mario Krygier und Jens Rohark „Don Eric und die Maya"

Jens Rohark „2012 – Prophezeien die Maya den Weltuntergang?"

Jens Rohark „Poopol Wuuj –
Das Heilige Buch des Rates der K´ichee´-Maya von Guatemala"

Jens Rohark „Auf den Spuren der Maya – Das Zentrale Tiefland – Teil 1"

Jens Rohark „Spanisch für Reisende"

Jens Rohark „Englisch für Reisende"

Joseph Suppan „Berührung und Frucht" Jan 2014

Prof. Arnold Ehret „Gesunde Menschen" 2 –Frühjahr 2014